유학생을 위한 읽기와 쓰기

유학생을 위한 읽기와 쓰기

공주대학교 교양학부

한국문화사

일러두기

『유학생을 위한 읽기와 쓰기』는 13개의 단원으로 구성되어 있습니다. 각 단원은 대학교에 입학해서 접하게 될 다양한 주제들로 이루어져 있으며 1개의 단원은 읽기와 쓰기로 구성되어 있습니다. 각 단원의 구성은 다음과 같습니다. 모든 단원은 학습목표-준비하기-어휘-문법과 표현-읽기-쓰기로 구성되어 있습니다.

〈학습목표〉에서는 해당 단원에서 도달해야 할 읽기 기능과 쓰기 기능을 제시하였습니다.

〈준비하기〉에서는 주제와 관련된 2개의 질문으로 배경지식을 활성화하여 자연스럽게 학습 내용으로 연결될 수 있도록 제시하였습니다.

〈어휘〉에서는 주제 관련 어휘 및 읽기와 쓰기 수행 시 필요한 어휘를 제시하였습니다. '학습한 어휘를 확인하며 읽어 보기'는 짧은 읽기 자료를 통해 의사소통 상황에서의 어휘 활용 양상을 볼 수 있도록 제시하였습니다.

〈문법과 표현〉은 쉬운 어휘와 문장 구성으로 문법의 의미 기능에 집중할 수 있도록 제시하였으며 연습을 통해 문법 활용 능력을 향상시킬 수 있도록 하였습니다. 또한 문법과 표현이 여러 가지 의미 기능으로 활용될 때는 문맥 속에서 그 의미를 파악할 수 있도록 예문을 구성하였습니다.

〈읽기〉에서는 학습자들이 실제 생활에서 접할 수 있는 다양한 읽기 형태를 지문으로 구현, 잡지 인터뷰, 이메일 등과 같이 구어로 표현된 읽기 지문 등도 제시하였습니다. 읽기 주제는 학습자 상황과 지역 특색을 고려하여 구성하였습니다. 특히 대학 생활에 필요한 정보를 제공하고, 사회의 여러 문제에 대해 함께 고민할 수 있도록 주제를 선정하였고 공주 지역의 문화적 특색을 적극 반영하여 문화 시민으로서의 긍지를 느낄 수 있도록 하였습니다.

〈쓰기〉에서는 계획하기-작성하기-수정하기 단계에 맞춰 한 편의 글을 완성할 수 있도록 구성하였습니다. 또한 TOPIK 쓰기 시험에 대비하여 유형별로 연습할 수 있도록 하였습니다. '글감 찾기'에서는 마인드맵을 통해 내용 생성을 쉽게 할 수 있도록 유도하며 정보를 탐색하고 수집, 선별할 수 있는 능력을 키울 수 있도록 활용할 수 있습니다. '내용 만들기'에서는 글의 구조를 익힐 수 있도록 발문하였으며 질문에 따라 글을 쓰면서 자연스럽게 한 편의 글을 완성할 수 있도록 하였습니다. 원고지에 쓰는 과정에서 스스로 어휘, 문단, 글 수준에서 수정할 수 있는 기회를 제공하였습니다.

차례

01 수강 신청 ·· 1

02 오리엔테이션 ·· 13

03 동아리 ·· 25

04 전공 ·· 37

05 새로운 직업 ··· 47

06 백제의 역사 ··· 59

07 무령왕릉과 백제금동대향로 ·· 73

08 한류 ·· 89

09 수업 방식의 변화 ··· 103

10 1인 미디어 ··· 115

11 외국인 건강보험 ·· 127

12 학생 복지 ·· 141

13 첫사랑의 설렘 – 소나기 ·· 153

단원명	읽기	쓰기
1. 수강 신청	수강 신청 방법	자기소개
2. 오리엔테이션	오리엔테이션 안내	희망 사항
3. 동아리	동아리 홍보	학교 행사
4. 전공	나의 포부	전공
5. 새로운 직업	유망 전공	직업
6. 백제의 역사	백제의 역사	역사적인 인물
7. 무령왕릉과 백제금동대향로	무령왕릉과 백제금동대향로	문화유산
8. 한류	한류	연예인
9. 수업 방식의 변화	온라인 수업	선호하는 수업 방식
10. 1인 미디어	1인 미디어	SNS를 효과적으로 활용하는 방법
11. 외국인 건강보험	외국인 건강보험	외국인 건강보험 당연 가입
12. 학생 복지	학생 복지	제안서
13. 첫사랑의 설렘 – 소나기	소나기	

01 수강 신청

학습목표　1. 글을 읽고 필요한 정보를 찾을 수 있다.
　　　　　2. 상황에 맞는 정보를 선택하여 자기소개 글을 쓸 수 있다.

● 준비하기

1. 어느 학과에 다녀요?
2. 대학교에 다니면서 어떤 수업을 듣고 싶어요?

어휘

STEP 1 어휘 배우기

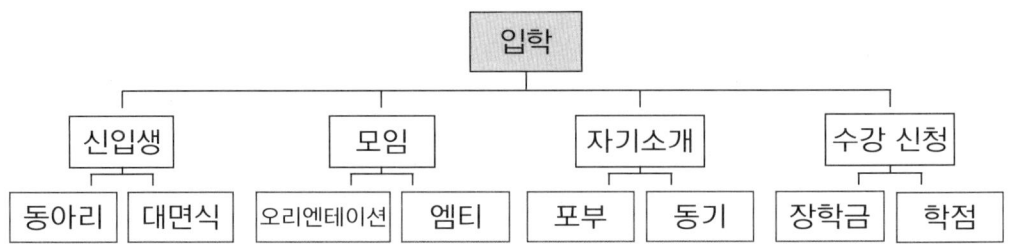

STEP 2 알맞은 어휘 찾아 넣기

1. 입학을 하면 신입생들은 학과 선배와의 (　　　　　)을/를 갖는다.
2. 인기가 많은 과목은 (　　　　　)이/가 시작되자마자 마감된다.
3. 유학생을 위한 (　　　　　)은/는 3.5 학점 이상이면 받을 수 있다.
4. 각 학과에서는 학기가 시작되는 첫 달에 (　　　　　)을/를 한다.
5. 여행 관련 (　　　　　)이/가 신입생들에게 인기가 많다.

STEP 3 학습한 어휘를 확인하며 읽어 보기

　　자기소개만 잘해도 개강 모임 이후 기억에 남는 사람이 될 수 있습니다. 자기소개를 할 때에는 이름, 출신 국가, 지역, 나이 등에 대해 간단히 말한 후, 과에 지원하게 된 동기와 포부를 말합니다. 이때 자신만의 독특한 방법이 필요합니다. 예를 들어 이름의 의미나 외모의 특징 등 다른 사람에게 깊은 인상을 줄 만한 내용이어야 합니다. 그리고 자세는 단정하고 당당하게, 목소리는 크고 자신감 있게 해주세요.

문법과 표현

1. N은/는

1) 저는 베트남에서 유학 온 프엉입니다.
2) 아무리 바빠도 개강 모임은 꼭 참석하세요.
3) 저는 베트남 사람인데 룸메이트는 중국 사람입니다.

✔ 맞는 것은 O, 틀린 것은 X 하십시오.
1) 다른 사람이 안 해도 제가 해 보겠습니다. (　　)
2) 아버지는 회사원이고 어머니는 선생님입니다. (　　)
3) 운동이 좋아하지 않지만 춤이 좋아합니다. (　　)
4) 수지는 같은 학교 친구입니다. (　　)
5) 교실에서는 조용히 해야 합니다. (　　)

2. A/V-거나, N(이)나

1) 컴퓨터나 핸드폰으로 음악을 듣습니다.
2) 학교에서 가깝거나 집세가 싼 집이 인기가 많습니다.
3) 저는 주로 한국 신문을 읽거나 한국 드라마를 봅니다.

✔ 빈칸에 알맞은 말을 쓰십시오.
1) 저는 (　　　　　　　　) 도서관에서 공부합니다. (카페)
2) (　　　　　　　　) 일요일에 운동을 합니다. (토요일)
3) 부모님이 보고 싶으면 편지를 (　　　　　　) 전화를 합니다. (쓰다)
4) 내일은 (　　　　　　　　) 눈이 오겠습니다. (흐리다)
5) 아침에 밥을 (　　　　　　　) 빵을 먹습니다. (먹다)

3. A/V-(으)며, A/V-고

1) 우리 교실은 넓고 깨끗합니다.
2) 공주대학교는 3개의 캠퍼스가 있으며 캠퍼스마다 특징이 있다.
3) 동아리에 가입하면 친구도 사귀고 취미도 즐길 수 있으며 한국어도 배울 수 있다.

✓ 밑줄에 알맞은 말을 쓰십시오.

1) 가 : 한국 유학 생활의 장점이 뭐예요?
   나 : _____.
2) 가 : 한국 유학 생활의 단점이 뭐예요?
   나 : _____.
3) 가 : 지금 살고 있는 집이 어때요?
   나 : _____.
4) 가 : 어떤 사람을 좋아해요?
   나 : _____.
5) 가 : 학점을 잘 받으려면 어떻게 해야 할까요?
   나 : _____.

4. A-(으)ㄴ데, V-는데, N인데

1) 제 친구는 똑똑한데 공부를 안 합니다.
2) 우리 학교는 시골인데 공부하기는 좋습니다.
3) 사물놀이 동아리에 가입하려고 하는데 같이 할래요?

✓ 밑줄에 알맞은 말을 쓰십시오.

1) 가 : 싫어하는 음식이 뭐예요?
   나 : _____.
2) 가 : 학교 근처에 맛있는 식당이 어디예요?
   나 : _____.

3) 가 : 제주도에 가 보고 싶어요.
   나 : 저도 _____.

4) 가 : '글쓰기 기초' 과목 어때요?
   나 : _____.

5) 가 : 소개팅한 사람 어땠어요?
   나 : 처음에는 _____.

 읽기

 읽어 보기

‹ 자유게시판

 유학생 여러분, 수강 신청하기 전에 꼭 보세요!
07. 16.

　안녕, 반가워요. 나는 중어중문학과 2학년 과 대표 김민수라고 해요. 먼저 우리 학과에 입학한 것을 진심으로 환영해요!

　여러분에게 수강 신청 방법을 알려주려고 글을 씁니다. 수강 신청은 학기가 시작하기 전에 이번 학기에 듣고 싶은 수업을 선택하는 거예요. 개강 1주일 전에 수강 신청을 해야 해요. 수강 신청은 학교 수강 신청 홈페이지(https://sugang.kongju.ac.kr/)에서 할 수 있는데, ㉠거기에 자신의 학번과 비밀번호를 입력하면 수강 신청할 수 있는 화면으로 바뀌어요.

　먼저 수강 신청 화면 왼쪽에서 신청할 수 있는 학점을 확인하세요. 학점에 맞게 수업을 신청하면 돼요. 신청한 수업들은 화면 아래에서 확인할 수 있으며, 잘못 신청한 수업들은 취소할 수 있어요. 개강 첫 주는 신청한 수업을 바꿀 수 있는 '수강 정정 기간'이에요. 이 기간에 마음에 들지 않는 수업을 취소하거나 다른 수업으로 ㉡변경할 수 있어요.

　여기서 잠깐! 학점을 잘 받으려면 수강 신청이 매우 중요해요. 직전 학기 성적이 3.0 이상이면 장학금을 받을 수 있어요. 그리고 토픽(TOPIK) 4급 이상이면 추가 장학금도 받을 수 있어요. 지금까지 ㉢내가 말한 것들을 잘 기억하면 도움이 될 거예요. 다시 한 번 입학을 축하해요.

STEP 2 내용 정리하기

수강 신청 하는 방법을 간단하게 표로 작성해 보십시오.

STEP 3 내용 확인하기

1. 밑줄 친 ㉠이 말하는 것을 고르십시오.

   ① 학과 사무실
   ② 포털 시스템
   ③ 수강 신청 사이트
   ④ 수강 신청 화면

2. 밑줄 친 ㉡과 비슷한 말을 고르십시오.

   ① 바꾸다
   ② 고치다
   ③ 교환하다
   ④ 부족하다

3. 밑줄 친 ㉢이 아닌 것을 고르십시오.

   ① 한 번 신청한 수업은 바꿀 수 없다.
   ② 개강 전에 수강 신청을 할 수 있다.
   ③ 수강 신청 화면에서 신청한 학점을 알 수 있다.
   ④ 토픽(TOPIK) 3급은 장학금을 받을 수 없다.

4. 이 글을 쓴 목적을 고르십시오.

   ① 장학금 신청 방법을 알려 주려고
   ② 유학생들의 입학을 축하하려고
   ③ 2학년 과 대표가 누구인지 알려 주려고
   ④ 수업을 선택하는 방법을 알려 주려고

◉ 쓰기

STEP 1 글감 찾기

나에 대한 정보를 써 보십시오.

STEP 2 내용 만들기

찾은 글감을 바탕으로 각 문단을 완성해 보십시오.

┌─ 1. 어린 시절은 어땠습니까? ─────────────────┐
│   │
│   │
│   │
└──┘

┌─ 2. 성격의 장단점은 무엇입니까? ─────────────┐
│   │
│   │
│   │
└──┘

┌─ 3. 자신이 좋아하는 것과 싫어하는 것은 무엇입니까? ─┐
│   │
│   │
│   │
└──┘

┌─ 4. 앞으로의 계획은 무엇입니까? ─────────────┐
│   │
│   │
│   │
└──┘

 글 완성하기

만든 내용을 바탕으로 아래 자기소개 상황 중 하나를 선택하여 글을 써 보십시오.

1. 개강 모임에서 학과 친구들에게 자기를 소개할 때
2. 동아리 가입 면접에서 자기를 소개할 때
3. 유학생 대표가 되기 위해 자기를 소개할 때

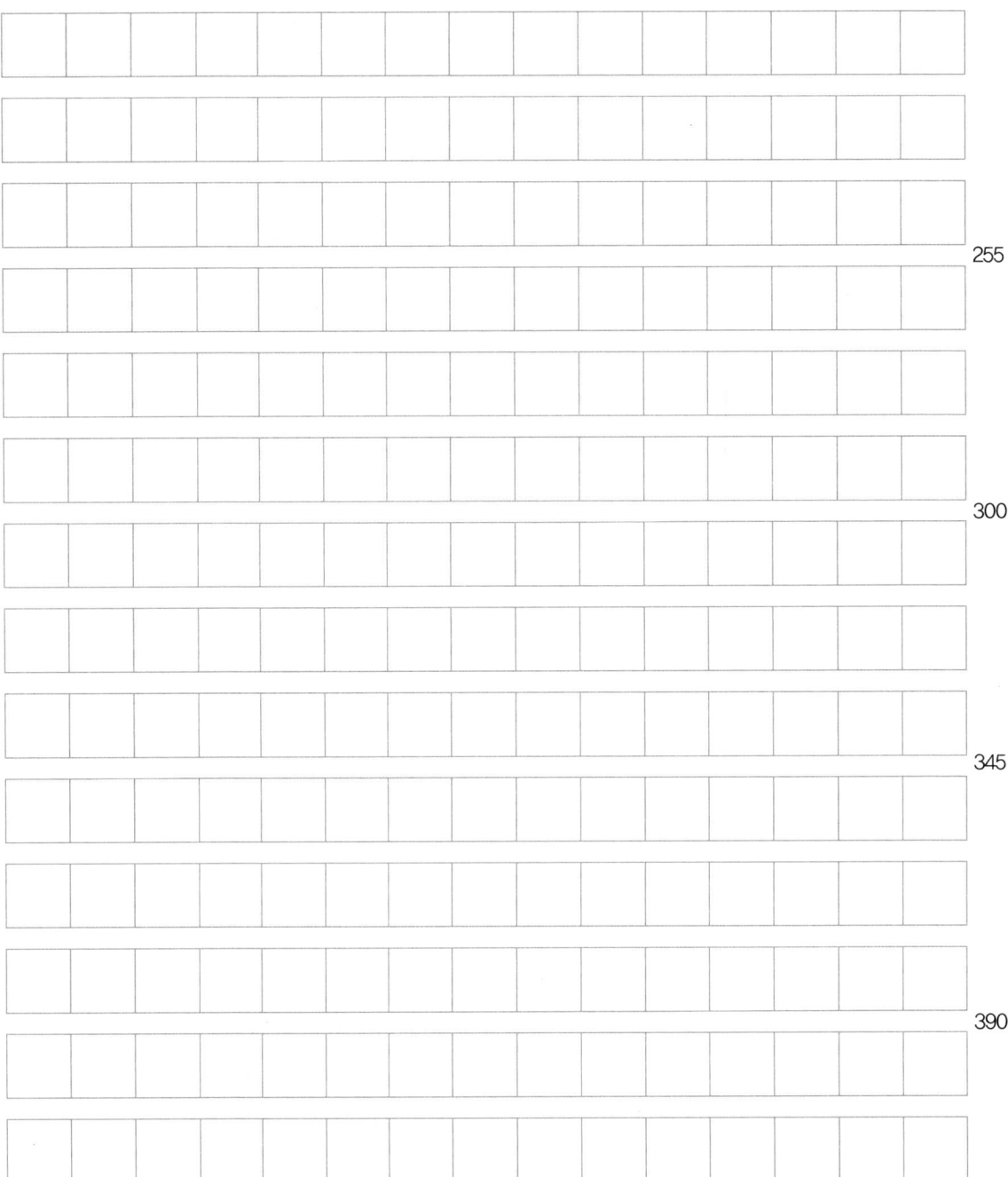

02 오리엔테이션

| 학습목표 | 1. 글을 읽고 내용을 이해할 수 있다.
2. 제안하는 글을 쓸 수 있다. |

◆ 준비하기

1. 학과에서 하는 모임에 가 봤어요?
2. 처음 만난 동기나 선배에게 하고 싶은 말이 있어요?

 어휘

STEP 1 어휘 배우기

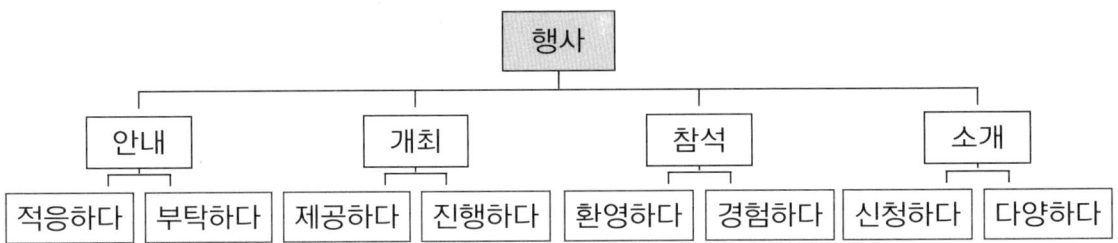

STEP 2 알맞은 어휘 찾아 넣기

1. 공주대학교에 입학한 것을 진심으로 (   ).
2. 선배들의 도움으로 학교생활에 잘 (   ).
3. 학기 초에는 학과에서 (   ) 모임이 많다.
4. 학교에서는 '유학생을 위한 설명회'를 (   ) 있다.
5. 오늘 저녁은 학생회에서 (   ) 도시락을 먹었다.

STEP 3 학습한 어휘를 확인하며 읽어 보기

　학교에서는 외국인 유학생을 위한 버디 프로그램을 운영하고 있다. 이 프로그램은 외국인 학생과 한국 학생이 1대 1로 친구가 되어 다양한 활동을 한다. 또한 한국어도 배울 수 있고 한국생활에 적응하는 데 도움을 받을 수 있다. 함께 밥을 먹으며 한국인의 식생활 및 식사 예절에 대해 배우고 문화 체험을 통해 한국의 전통문화를 체험할 수 있다. 이와 같이 버디 프로그램은 한국 문화와 한국 사람을 이해할 수 있기 때문에 유학생에게 꼭 필요한 프로그램이다.

문법과 표현

1. 왜냐하면 A/V-기 때문에, N이기 때문에

1) 외국인이기 때문에 매운 음식은 잘 못 먹는다.
2) 나는 딸기가 너무 좋다. 왜냐하면 맛있기 때문이다.
3) 개강 모임에는 꼭 참석하세요. 왜냐하면 개강 모임에서 많은 정보를 얻을 수 있기 때문입니다.

✓ 맞는 표현을 고르십시오.
1) 비가 (왔기 때문에, 오기 때문에) 우산이 필요합니다.
2) 교실에서는 조용히 해야 합니다. (왜냐하면, 그러니까) 공부하는 친구들을 방해하면 안 되기 때문입니다.
3) 내일 (시험 때문에, 시험이기 때문에) 오늘은 공부를 해야 한다.
4) 기분이 안 좋아요. 친구랑 (청소 때문에, 청소이기 때문에) 싸웠거든요.
5) 오늘은 학교에 가지 않는다. 왜냐하면 (공휴일 때문이다, 공휴일이기 때문이다).

2. 게다가, A-(으)ㄴ 데다가, V-는 데다가, N인 데다가

1) 핸드폰으로 음악을 들을 수 있는 데다가 그림도 그릴 수 있다.
2) 선배와 친해지면 학교생활이 편한 데다가 정보도 많이 얻을 수 있다.
3) 저는 한국어 공부를 하려고 한국 드라마를 봅니다. 게다가 한국 신문도 읽습니다.

✓ 빈칸에 알맞은 말을 쓰십시오.
1) 도서관에서는 책을 빌릴 수 (   ) 영화나 드라마 CD도 빌릴 수 있다.
2) 공주는 유명한 볼거리도 (   ) 먹을거리도 많다.
3) 온라인으로 수업을 (   ) 시험도 본다.
4) 내일은 발표가 있다. (   ) 시험도 있어서 밥 먹을 시간도 없다.
5) 기숙사 방은 (   ) 여러 명이 살아서 불편하다.

3. A/V-(으)ㄹ 뿐만 아니라, N뿐만 아니라

1) 내 친구는 얼굴이 예쁠 뿐만 아니라 성격도 좋다.
2) 도서관에서는 책뿐만 아니라 영화나 드라마 CD도 빌릴 수 있다.
3) CCTV를 설치하면 범죄를 예방할 수 있을 뿐만 아니라 범인을 잡을 수도 있다.

✓ 밑줄에 알맞은 말을 쓰십시오.

1) 가 : 원룸에서 살면 뭐가 좋아요?
   나 : _____.

2) 가 : 한국어 공부할 때 음악을 왜 들어요?
   나 : _____.

3) 가 : 왜 운동을 해야 해요?
   나 : _____.

4) 가 : 전공을 선택한 이유가 뭐예요?
   나 : _____.

5) 가 : 요즘 학생들은 왜 카페에서 공부할까요??
   나 : _____.

---

4. N을/를 통해(서)

1) 실패를 통해 성공하는 방법을 배울 수 있다.
2) 여행을 통해 책에서 배우지 못한 지식을 얻을 수 있다.
3) 오리엔테이션을 통해 학교 생활에 필요한 정보를 안내 받았다.

✓ 밑줄에 알맞은 말을 쓰십시오.

1) 가 : 시험 일정은 어디에서 확인해요? (홈페이지)
   나 : _____.

2) 가 : 여행지 정보는 어떻게 찾으면 좋을까요? (블로그나 인스타그램)
   나 : _____.

3) 가 : 공주대학교를 어떻게 알았어요? (고향 선배)
　　나 : ....

4) 가 : 한국 친구는 어떻게 사귀었어요? (버디 프로그램)
　　나 : ....

5) 가 : 학과에 대한 정보는 어떻게 얻었어요? (책)
　　나 : ....

읽기

STEP 1 읽어 보기

다음을 읽고 물음에 답하십시오.

신입생과 편입생들은 개강 전 오리엔테이션에 참석하라는 메일을 받는다. 이 오리엔테이션을 통해서 학사 일정, 비자, 보험, 외국인 등록 등 유학 생활에 필요한 정보를 제공한다. 그뿐만 아니라 범죄 예방 교육도 실시하는데 외국인은 한국어가 서툴러서 범죄에 쉽게 노출될 수 있기 때문이다. 따라서 학교에서 진행하는 오리엔테이션에 참석하는 것이 좋다.

To 공주대학교 외국인 유학생 여러분   Cc Bcc

안녕하세요, 공주대학교 국제교류처입니다.
공주대학교에 입학하시는 여러분을 진심으로 환영합니다.
공주대학교에 입학 또는 편입하는 학생들을 대상으로 다음과 같이 오리엔테이션을 진행하려고 합니다.
학교에 대한 전반적인 안내, 비자, 보험, 외국인 등록증 안내 등 생활하는 데 필요한 정보를 설명하려고 합니다.
최근 외국인 학생을 대상으로 보이스 피싱 등 범죄가 많아지는 데다가 성범죄도 발생하고 있습니다. 이에 따른 범죄 예방 교육도 실시하니 반드시 참석해주시기 바랍니다.
또한 버디 프로그램에 대한 여러분들의 의견도 듣고자 합니다. 다양한 의견을 제안해 주십시오.

일시: 202X. X. XX. 14:00~16:00
장소: 공주대학교 글로벌라운지

공주대학교 국제교류처

STEP 2 내용 정리하기

오리엔테이션 안내 메일을 읽고 다음 내용을 찾아 쓰십시오.

일시	
장소	
대상	
학교 생활 안내에는	
범죄예방 교육에는	

STEP 3 내용 확인하기

1. 학교 생활 안내에 해당하는 내용이 아닌 것을 고르십시오.

    ① 보험 가입
    ② 비자 연장
    ③ 버디 프로그램
    ④ 외국인 등록증 발급

2. 밑줄 친 부분과 바꿔 쓸 수 있는 표현을 고르십시오.

    ① 일어나고
    ② 생성되고
    ③ 발달하고
    ④ 만들어지고

3. 메일에서 안내하는 내용이 아닌 것을 고르십시오.

    ① 오리엔테이션을 언제 하는지
    ② 참석해야 하는 사람은 누구인지
    ③ 누가 프로그램을 진행하는지
    ④ 어떻게 비자를 신청하고 연장하는지

4. 이 글의 내용과 같은 것을 고르십시오.

    ① 외국인 유학생은 누구나 참석해야 한다.
    ② 오리엔테이션은 두 시간 동안 진행될 예정이다.
    ③ 오리엔테이션에 참석하면 한국 친구를 사귈 수 있다.
    ④ 한국어가 서툰 학생들에게 한국어 수업도 진행한다.

쓰기

STEP 1 글감 찾기

버디 프로그램에서 하고 싶은 것을 생각나는 대로 써 보십시오.

STEP 2 내용 만들기

찾은 글감을 바탕으로 각 문단을 완성해 보십시오.

┌─ 1. 버디 프로그램에서 어떤 친구를 만나고 싶습니까? ─┐
│   │
│   │
└──┘

┌─ 2. 그 친구와 무엇을 하고 싶습니까? ─┐
│   │
│   │
└──┘

┌─ 3. 왜 그 활동을 하고 싶습니까? ─┐
│   │
│   │
└────────────────────────────────────┘

┌─ 4. 그 활동이 한국 생활에 어떤 도움이 될 수 있습니까? ─┐
│   │
│   │
└──┘

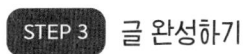

STEP 3 글 완성하기

만든 내용을 바탕으로 버디 프로그램 담당자에게 프로그램을 제안하는 글을 써 보십시오.

03 동아리

학습목표
1. 글을 읽고 필요한 정보를 찾을 수 있다.
2. 참여하고 싶은 행사를 홍보하는 글을 쓸 수 있다.

● 준비하기

1. 학교에 어떤 동아리가 있어요?
2. 어떤 동아리에 가입하고 싶어요?

어휘

STEP 1 어휘 배우기

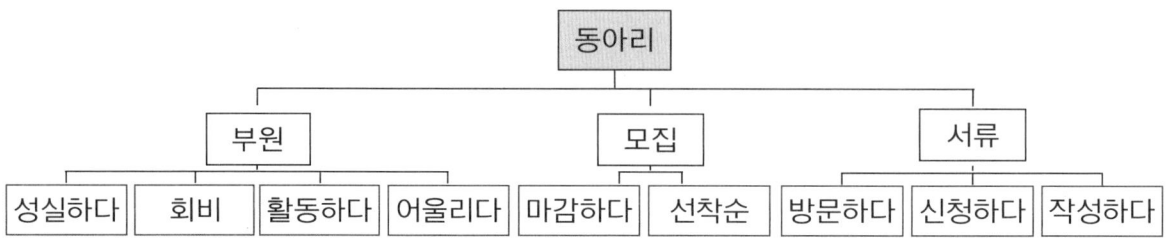

STEP 2 알맞은 어휘 찾아 넣기

1. 서류 (　　　　　　)은/는 내일 6시까지 마감합니다.
2. 동아리에 가입하기 위해서는 신청서를 (　　　　　　) 한다.
3. 단체에 필요한 돈은 (　　　　　　)을/를 걷어서 사용한다.
4. 오늘 저녁에는 (　　　　　　)들끼리 모여 식사를 하기로 했다.
5. 봉사 활동에 참여할 수 있는 참가자를 (　　　　　　) 있다.

STEP 3 학습한 어휘를 확인하며 읽어 보기

공주대학교 탈춤 동아리

으쓱으쓱 20기
동아리 회원 모집

언제까지 어깨춤을 추게 할 거야? 신명나는 한국의 가락에 몸을 맡겨 보세요.

모집 대상 : 공주대학교 신입생이면 누구나　　선발 인원 : 총 15명 내외
모집 기간 : 20XX. 3. 5. ~ 3. 31.(금)　　　　활동 내용 : 봉산탈춤 배우기
면접 일자 : 20XX. 4. 3.(월)　　　　　　　합격 일자 : 20XX. 4. 10.(월)
면접 장소 : 동아리관 308호　　　　　　　지원 방법 : 동아리관 방문 후 서류 접수

문법과 표현

1. A/V-기로 유명하다, N(으)로 유명하다

1) 계룡산은 가을 단풍이 아름답기로 유명합니다.
2) 그 회사는 컴퓨터를 잘 만들기로 유명합니다.
3) 공주는 알밤으로 유명합니다.

✓ 문장을 완성하십시오.
1) 그 학생은 _____.
2) 내 고향은 _____.
3) 한국은 _____.
4) 제주도는 _____.
5) 부산은 _____.

2. A-(으)ㄴ지, V-는지, N인지

1) 얼마나 기분이 좋은지 노래가 저절로 나와요.
2) 월남쌈을 어떻게 먹는지 알아요?
3) 사람이 많아서 누가 선배인지 후배인지 모르겠어요.

✓ 문장을 완성하십시오.
1) 가 : 이태원에 어떻게 가요?
   나 : 글쎄요, 저도 _____.
2) 가 : 수지가 지금 뭐해요?
   나 : 저도 수지가 _____.
3) 가 : 김치 만들 줄 알아요?
   나 : _____.
4) 가 : 봉사 동아리에 어떻게 가입해요?
   나 : _____.
5) 가 : 학교 개교기념일이 언제예요?
   나 : _____.

3. N 등, N 외, N1 및 N2

1) 과일에는 사과, 배, 귤 등이 있다.
2) 기숙사 학생 외에는 출입을 할 수 없습니다.
3) 입국자 및 해외여행객은 발열 검사를 받아야 합니다.

✔ 빈칸에 알맞은 말을 쓰십시오.
1) 올림픽 경기 종목에는 수영, 축구, 배구 (   )이 있습니다.
2) 이 가게에서는 바지, 치마, 신발 (   )을 팝니다.
3) 관계자 (   ) 출입 금지
4) 시험 시작 전에 필기도구 (   )에는 가방에 넣어야 합니다.
5) 원서 접수 (   ) 제출에 대한 문의는 입학관리과로 하세요.

4. A/V-다는 특징이 있다

1) 부자들은 부지런하다는 특징이 있다.
2) 한국어에는 높임말이 발달했다는 특징이 있다.
3) 이 미술관은 유명한 그림이 많다는 특징이 있다.

✔ 다음 말을 활용하여 문장을 완성하시오.
1) (오래 사는 사람들, 밥을 적게 먹는다)
....

2) (금, 변하지 않는다)
....

3) (성공하는 사람들, 일찍 일어난다)
....

4) (이 회사 제품, 디자인이 예쁘다)
....

5) (그 그릇, 깨지지 않는다)
....

읽기

STEP 1 읽어 보기

다음을 읽고 물음에 답하십시오.

> 안녕하세요. 공주대학교 신입생 여러분!
>
> 재미있는 학교생활을 하고 싶지 않으세요? 새로운 친구들을 사귀고 싶지 않으세요?
>
> 새 학기를 맞아서 공연동아리 '어울림'에서 새로운 부원을 모집합니다. 우리 동아리는 가족같은 분위기로 유명합니다. 그래서 동아리 이름도 사람들과 즐겁게 어울린다는 의미에서 '어울림'입니다. 우리 동아리는 매년 학교 축제에 참가하고, 정기 공연을 하고 있으며, 버스킹도 합니다. 공연을 준비하면서 기타 외에도 작곡, 편곡 등을 배울 수 있다는 특징이 있습니다.
>
> 기타를 어떻게 치는지 몰라도 걱정하지 마세요. 선배가 후배에게 친절하게 기타를 가르쳐 드립니다. 기타가 없어도 걱정하지 마세요. 기타가 없으면 기타를 빌려드립니다.
>
> 가입하고 싶거나 동아리에 대해서 궁금한 점이 있는 신입생은 언제든지 연락 주세요.
>
> - 신청 기간 : 3월 13일(월) ~ 4월 12일(일)
> - 신청 장소 : 웅비관 311호
> - 회비 : 20,000원(학기당)
> - 준비물 : 학생증 및 성실한 마음*^^*
> - 문의 : 회장 김희지 010-1234-5678
>
> 어울림 회장 올림

STEP 2 내용 정리하기

읽기 본문의 내용을 간단하게 작성해 보십시오.

이름	
활동	
특징	
가입 조건	

STEP 3 내용 확인하기

1. 소개하고 있는 동아리 이름을 고르십시오.

　① 어울림　　　② 기타교실　　　③ 웅비관　　　④ 통기타

2. 소개하고 있는 동아리에 대한 설명이 아닌 것을 고르십시오.

　① 새 학기를 맞아 새로운 부원을 모집하고 있다.
　② 사람들과 친하게 지내는 것을 중요하게 생각한다.
　③ 기타가 없으면 동아리에서 구입할 수 있다.
　④ 기타 외에도 다양한 음악 활동을 한다.

3. 동아리를 신청할 때 기억할 것이 아닌 것을 고르십시오.

　① 3월 13일부터 한 달간 가입이 가능하다.
　② 웅비관 311호에서 신청해야 한다.
　③ 회비는 1년에 한 번만 내면 된다.
　④ 신청할 때에는 학생증을 준비해야 한다.

STEP 4 내용 확장하기

다음을 읽고 ㉠과 ㉡에 들어갈 말을 각각 한 문장으로 쓰십시오.

---

1. 테니스 동아리 회원 모집

우리 테니스 동아리에서 함께 테니스를 칠 회원을 모집합니다.
테니스에 관심이 있는 신입생이라면 (㉠   ).
(㉡   )?
그래도 걱정하지 마십시오.
저희가 친절하게 가르쳐 드립니다.
함께 테니스를 칠 분은 동아리 인터넷 카페에 신청해 주시기 바랍니다.

㉠ ....
㉡ ....

---

2. E-mail

제목 : 선배님, 엘레나입니다.

선배님, 안녕하십니까? 엘레나입니다.
부탁드릴 것이 있어 메일을 보냅니다.
제가 인터넷으로 (㉠   ).
그런데 테니스 채가 이번 주 토요일에 배달된다고 합니다.
제가 그날 아르바이트에 가야 해서 택배를 받을 수 없을 것 같습니다.
혹시 시간이 되시면 (㉡   )?
이런 부탁을 드려 죄송합니다. 연락 부탁드립니다.

                                                              엘레나 드림

㉠ ....
㉡ ....

쓰기

STEP 1 글감 찾기

학교 홈페이지에서 학교 행사를 찾아 정리해 보십시오.

```
                ┌── 인문학 특강 ──── [                    ]
                │
                ├── 동아리 행사 ──── [                    ]
                │
학교 행사 ──────┼── 공모전 및 대회 ─ [                    ]
                │
                ├── 학과 행사 ────── [                    ]
                │
                ├── [        ] ───── [                    ]
                │
                └── [        ] ───── [                    ]
```

STEP 2 내용 만들기

찾은 글감을 바탕으로 각 문단을 완성해 보십시오.

┌─ 1. 우리 대학교에 있는 행사들 중 참여하고 싶은 행사는 무엇입니까? ─┐
│   │
│   │
└──┘

┌─ 2. 그 행사는 언제, 어디서, 무엇을, 어떻게 합니까? ─┐
│   │
│   │
└──┘

┌─ 3. 그 행사에 참여하려면 무엇을 준비해야 합니까? ─┐
│   │
│   │
└──┘

STEP 3 글 완성하기

만든 내용을 바탕으로 버디 프로그램 담당자에게 프로그램을 제안하는 글을 써 보십시오.

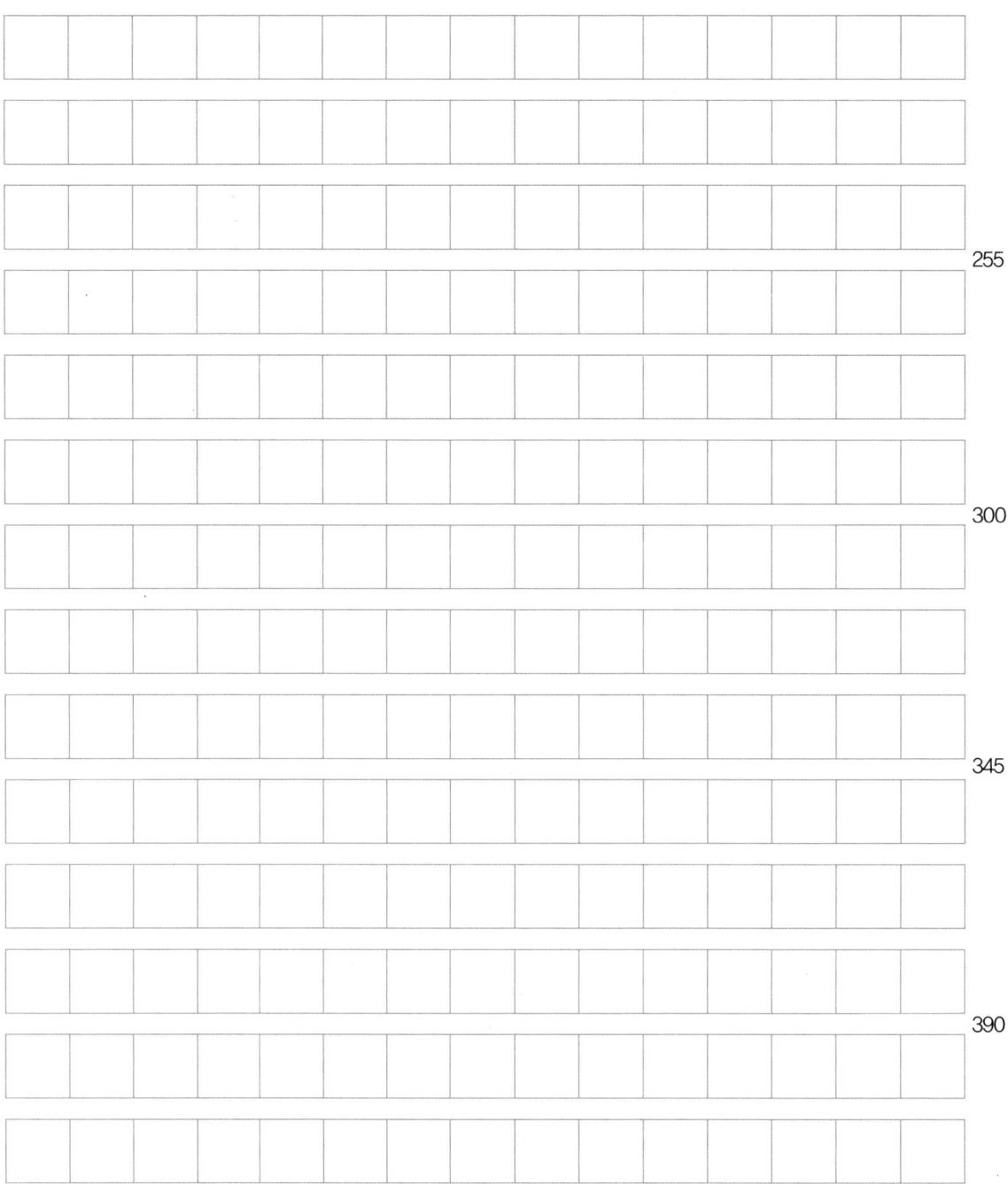

04 전공

학습목표
1. 글을 읽고 세부 내용을 파악할 수 있다.
2. 설명하는 글을 쓸 수 있다.

◉ 준비하기

1. 전공을 선택한 이유가 뭐예요?
2. 어떤 직업을 갖고 싶어요?

어휘

STEP 1 어휘 배우기

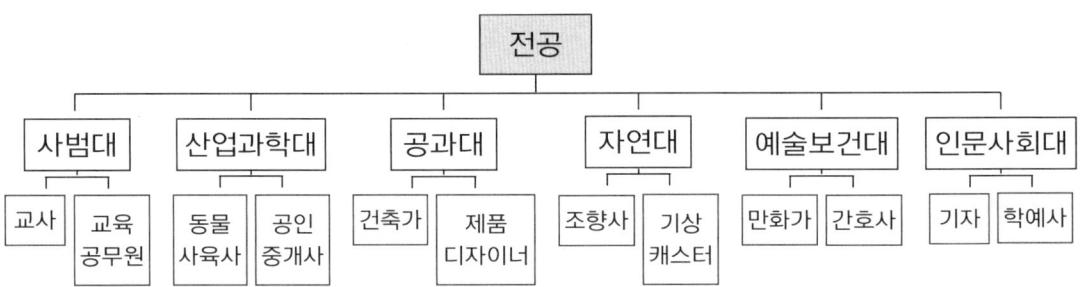

STEP 2 알맞은 어휘 찾아 넣기

1. 사범대학을 졸업하면 중학교나 고등학교의 (   )이/가 될 수 있다.
2. 동물을 먹이고 기르는 일을 직업으로 하는 사람을 (   )(이)라고 한다.
3. 향수를 만드는 (   )이/가 되려면 화학이나 화학공학을 전공하면 된다.
4. (   )은/는 방송에서 날씨를 안내해 주는 사람이다.
5. (   )은/는 큐레이터(Curator)라고도 하며 박물관 등에서 일을 하는 사람을 말한다.

STEP 3 학습한 어휘를 확인하며 읽어 보기

여러분은 전공을 선택할 때 어떤 것을 고민했나요? 학생들이 전공을 선택할 때 가장 중요하게 생각하는 것은 취업이 잘 되느냐입니다. 앞으로 5년 후, 10년 후의 직업을 위해 전공을 결정하는 것은 미지의 세계를 모험하는 것과 같습니다. 모험을 향해 내딛는 내 첫 발이 곧 전공 선택입니다. 그 모험을 보다 즐겁고 행복하게 하고 싶다면 여러분이 좋아하고 잘할 수 있는 것을 선택하세요.

문법과 표현

1. N1(이)란 ~ N2이다

1) 조향사란 향(香)을 전문적으로 만드는 사람이다.
2) 사랑이란 어떤 상대를 그리워하고 좋아하는 마음이다.
3) 전공이란 어떤 분야나 학문을 전문적으로 연구하는 것이다.

✓ 사전에서 아래 단어의 뜻을 찾아 쓰십시오.
1) 개강모임이란 _____.
2) 외국인등록증이란 _____.
3) 동기란 _____.
4) 비자란 _____.
5) 습관이란 _____.

---

2. N에 대하여, N에 대한

1) 한글에 대하여 얼마나 알고 있습니까?
2) 우리는 전공에 대한 이야기를 나누었다.
3) 국제교류처에서는 한국 유학을 위해 필요한 자료에 대해 자세히 안내해 주었다.

✓ 빈칸에 알맞은 말을 쓰십시오.
1) (   ) 전혀 관심이 없다. (사회 문제)
2) 경영학과에 입학하면서 (   ) 관심을 갖고 공부하고 있다. (마케팅)
3) 영문학과를 선택한 이유는 (   ) 공부를 하고 싶었기 때문이다. (통번역)
4) (   ) 뉴스를 보고 손을 깨끗이 씻고 있다. (전염병)
5) 심리 검사를 통해 (   ) 잘 알 수 있었다. (나)

3. 예를 들면 ~ 있다, N을/를 예로 들 수 있다.

1) 문학에는 사랑에 대한 것들이 많다. 예를 들면 '소나기', '진달래 꽃' 등이 있다.
2) 문학에는 사랑에 대한 것들이 많다. '소나기'나 '진달래 꽃' 등을 예로 들 수 있다.
3) 좋은 일을 하는 사람들이 많다. 예를 들면 연예인 중에 션이라는 가수가 있는데 독거 노인들을 위한 봉사를 꾸준히 하고 있다.

✓ 밑줄에 알맞은 말을 쓰십시오.

1) 가 : 서울 가는 교통편은 뭐가 있어요?
   나 : _____.
2) 가 : 놀이동산에 가면 어떤 것들을 타요?
   나 : _____.
3) 가 : 좋아하는 한국 노래는 뭐가 있어요?
   나 : _____.
4) 가 : 어떤 음식을 좋아해요?
   나 : _____.
5) 가 : 공부를 잘하려면 어떻게 해야 할까요?
   나 : _____.

4. N에 속하다

1) 한국은 아시아에 속한다.
2) 경찰관은 공무원에 속한다.
3) 국어교육과는 사범대학에 속한다.

✓ 위 문법을 활용해서 제시어의 관계를 쓰십시오.

1) 영어영문학과 / 인문사회과학대학 : _____.
2) 고래 / 포유류 : _____.
3) 포도 / 과일 : _____.
4) 공주 / 충청남도 : _____.
5) 축구 / 구기종목 : _____.

읽기

STEP 1 읽어 보기

저는 공주대학교 대기과학과에 입학한 이수지입니다. 저는 어릴 때부터 기상 캐스터가 되고 싶었습니다. 기상 캐스터란 날씨에 대해 알려주는 사람인데 저는 그 기상 캐스터가 날씨를 미리 알고 있는 마법사처럼 보였습니다. 마치 날씨를 기상 캐스터가 만들기라도 하듯이 말입니다. 소풍 가는 날 비가 오면 왠지 기상 캐스터가 나에게 심술을 부리는 것 같았습니다. 고등학교 과학 선생님께서 공주대학교에 대기과학과가 있다는 것을 알려주셨습니다. 그때부터 저는 우리 과에 입학하기 위해 열심히 노력했습니다.

날씨는 우리 생활에 많은 영향을 줍니다. 우리 과에서는 이러한 ㉠날씨에 대해 깊이 있게 공부합니다. 또한 최근 들어 더 심각해지는 기상재해, 기후변화, 미세먼지와 같은 대기 환경 문제 역시 우리가 공부하는 분야입니다. 우리 과에서는 기후·환경 문제를 해결하기 위해 '첨단 기술을 활용한 관측(observations)', '과학적 이론에 근거한 분석(analysis)', '컴퓨터 프로그램을 이용한 예측(prediction)'하는 과정을 연구합니다. 우리 과를 졸업하면 다양한 분야로 진출할 수 있습니다. 예를 들면 기상청이나 환경부, 공군 등의 정부 기관과 기상, 해양, 환경과 관련된 연구소 및 민간기업체에 취직할 수 있습니다.

최근 기후 변화로 인해 예측하기 어려운 기상재해가 많이 발생하고 있습니다. 저는 기상 변화를 빠르고 정확하게 예측하여 기상재해 피해를 ㉡막고 싶습니다. 특히 우리나라는 대륙성 기후와 해양성 기후에 모두 속해 있어서 대륙과 바다의 영향으로 대기가 빠르게 변화합니다. 우리 과에서 열심히 공부하여 이러한 변화를 예측하는 전문적인 기상 캐스터가 되고 싶습니다.

STEP 2 내용 정리하기

글을 읽고 다음을 정리해 보십시오.

대기과학과에서 배우는 것	진로	수지의 장래 희망

STEP 3 내용 확인하기

1. 밑줄 친 ㉠과 바꾸어 쓸 수 있는 표현을 고르십시오.

   ① 날씨에 반해   ② 날씨에 관해
   ③ 날씨에 속해   ④ 날씨에 비해

2. 밑줄 친 ㉡과 바꾸어 쓸 수 있는 말을 고르십시오.

   ① 주고   ② 끼치고   ③ 보상하고   ④ 예방하고

3. 대기과학과에서 연구하는 분야가 아닌 것을 고르십시오.

   ① 홍수 분석   ② 대기 오염 측정
   ③ 해양 식물 관측   ④ 지구 온난화 예측

4. 위 글의 내용과 다른 것을 고르십시오.

   ① 날씨는 우리 생활과 관련이 깊다.
   ② 한국은 두 가지 기후에 영향을 받는다.
   ③ 졸업 후 환경과 관련된 기업에 취업할 수 있다.
   ④ 고등학교 과학 선생님은 대기과학과를 졸업하였다.

쓰기

STEP 1 글감 찾기

전공 학과에 대한 정보를 찾아 써 보십시오.

STEP 2 내용 만들기

찾은 글감을 바탕으로 각 문단을 완성해 보십시오.

---
1. 학과는 언제, 어떤 목표로 생겼습니까?

---
2. 학과에서는 어떤 공부를 합니까?

---
3. 학과는 어떤 특징이 있으며 어떤 행사들을 진행하고 있습니까?

---
4. 학과를 졸업하고 나서 어떤 진로를 선택할 수 있습니까?

 글 완성하기

만든 내용을 바탕으로 후배들에게 전공 학과를 설명하는 글을 써 보십시오.

05 새로운 직업

학습목표　1. 내용을 예측하며 글을 읽을 수 있다.
　　　　　2. 근거를 들어 글을 쓸 수 있다.

 준비하기

1. 여러분 나라에서 요즘 새로 생긴 직업들이 있어요?
2. 앞으로 어떤 직업들이 더 생길 것 같아요?

어휘

STEP 1 어휘 배우기

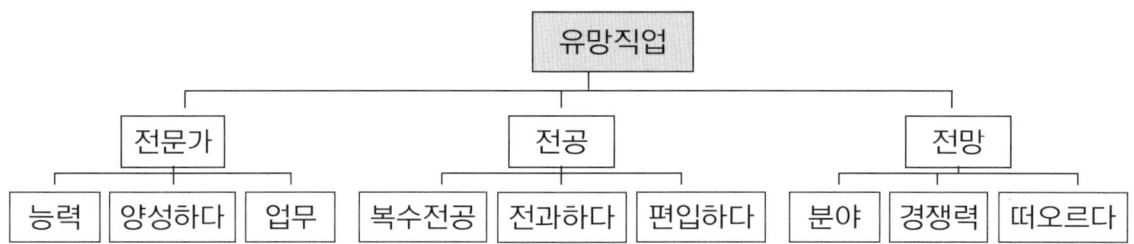

STEP 2 알맞은 어휘 찾아 넣기

1. 특수동물학과를 졸업한 왕가는 (   )을/를 살려서 야생동물구조센터에 취직했다.
2. 전공을 선택할 때 (   )이/가 밝은 전공을 알아봤다.
3. 취업할 때는 자신의 관심 (   )이/가 무엇인지 생각해 보아야 한다.
4. 엘레나는 전공을 바꾸고 싶어서 (   ) 신청을 했다.
5. 농업 (   )을/를 높이기 위해서 국가적인 관심이 필요하다.

STEP 3 학습한 어휘를 확인하며 읽어 보기

1. 복수전공은 자신의 전공 외에 다른 전공도 함께 공부할 수 있는 제도이다. 예를 들면 중어중문학과에 진학한 후 복수전공 제도를 통해 경영학과도 동시에 전공할 수 있다.
2. 전과는 자신의 전공이 적성에 맞지 않거나 다른 전공을 공부하고 싶을 때 학과를 옮길 수 있는 제도이다. 그러나 전과가 언제나 가능한 것은 아니다. 우선 성적이 좋고 희망하는 학과에 자퇴 등으로 인해 학생 수가 부족할 경우에만 가능하다.

문법과 표현

1. A/V-(으)ㄹ 만큼

1) 금강은 말로 표현할 수 없을 만큼 아름다웠다.
2) 프엉은 매일 한국 드라마를 볼 만큼 한국 드라마를 좋아한다.
3) 엘레나는 한국 음식을 매일 먹을 만큼 한국 요리에 관심이 많다.
4) 아키라는 전공으로 특수동물학과를 선택할 만큼 동물을 사랑한다.
5) 스마트팜공학과는 졸업생들 모두 취업이 될 만큼 유망한 전공이다.

✔ 밑줄에 알맞은 말을 쓰십시오.

1) 가 : 베트남 사람들은 쌀국수를 좋아하나 봐요.
   나 : 네. _____. (매일 먹다)
2) 가 : 한국어 공부를 정말 열심히 하네요.
   나 : _____.(한국어로 꿈을 꾸다)
3) 가 : 베트남에서 한국 영화가 인기가 많아요?
   나 : _____.(매일 표가 매진되다)
4) 가 : 고향에 오랜만에 와 보니까 많이 변했죠?
   나 : _____.(몰라보다)
5) 가 : 여자친구를 정말 사랑하나 봐요.
   나 : _____.(눈에서 꿀이 떨어지다)

2. N에 비하여

1) 다른 전공에 비하여 취업이 잘 된다.
2) 과거에 비하여 새로운 직업이 많이 생겼다.
3) 공주대학교는 다른 학교에 비하여 유망한 전공이 많다.

✔ 빈칸에 알맞은 말을 쓰십시오.

1) 가 : 내가 컴퓨터를 너무 비싸게 산 것 같아.
   나 : 아니야. (   ) 비싼 편은 아니라고 생각해.
2) 가 : 저는 올해 29살이에요.
   나 : 정말요? (   ) 어려 보여요.

3) 가 : 왜 관광경영학과에 입학했어요?

   나 : (   ) 여행하는 사람이 많아져서 전망이 좋아요.

4) 가 : 한국어를 정말 잘 하시네요.

   나 : 아니에요. (   ) 아직 잘 못해요.

5) 가 : 살이 많이 빠진 것 같아요.

   나 : 네, 운동을 열심히 해서 (   ) 10kg가 빠졌어요.

3. N(으)로 나뉘다

1) 한국은 남과 북으로 나뉘어 있다.
2) 경제통상학부는 경제학전공과 국제통상학전공으로 나뉜다.
3) 학과 전공과목은 전공 필수과목과 전공 선택과목으로 나뉜다.

```
                    동물
                  ┌──┴──┐
              척추 동물      무척추 동물
          ┌──────┼──────┐
        포유류    파충류    포유류
        개, 말,   거북,    닭,
        호랑이   도마뱀   독수리
```

✓ 다음 그림을 보고 'N에 속하다'와 'N(으)로 나뉘다'를 활용하여 문장을 쓰십시오.

1) _____.

2) _____.

3) _____.

4) _____.

4. 간접 화법

1) V/A-다고 하다, N-(이)라고 하다
   - 친구 : 룸메이트랑 한국어로 말하면서 한국어가 많이 늘었다.
   → 친구가 룸메이트랑 한국어로 말하면서 한국어가 많이 늘었다고 했다.
2) V/A-(느)냐고 하다, N-(이)냐고 하다
   - 친구 : 룸메이트가 한국사람이야?
   → 친구가 룸메이트가 한국사람이냐고 물어 봤다.
3) V-자고 하다
   - 친구 : 사물놀이 같이 배울래?
   → 친구가 사물놀이 같이 배우자고 했다.
4) V-(으)라고 하다, N-(이)라고 하다
   - 선배 : 친구를 많이 사귀고 싶으면 동아리에 가입해.
   → 선배가 친구를 많이 사귀고 싶으면 동아리에 가입하라고 했다.

✓ 밑줄에 알맞은 말을 쓰십시오.

1) 가 : 프엉 씨는 왜 안 왔어요?
   나 : _____.(-다고 하다)
2) 가 : 선배가 전화해서 뭘 물어봤어요?
   나 : _____.(-냐고 하다)
3) 가 : 이번 생일에 뭐 할 거예요?
   나 : _____.(-자고 하다)
4) 가 : 오늘은 왜 이렇게 일찍 일어났어요?
   나 : _____.(-라고 하다)

읽기

STEP 1 읽어 보기

기자: 안녕하세요. 오늘은 공주대학교의 유망 전공에 대해 알아보겠습니다. 천만 반려 인구라는 말이 나올 만큼 과거에 비하여 반려동물을 키우는 사람들이 많아졌습니다. 이와 더불어 동물과 관련된 직업이 떠오르고 있습니다. 공주대학교에는 ㉠특수동물학과가 있습니다. 오늘은 이 학과 학생 한 분을 모셔 이야기를 나눠 보겠습니다.

기자 : 안녕하세요? 반갑습니다.

특수동물학과 학생: 네, 안녕하세요.

기자 : 특수동물학과, 이름이 참 ㉡낯선데요. 어떤 학과예요?

학생 : 우리 학과는 특수동물에 대해 공부합니다. 우리 과에서 공부하는 특수동물은 야생동물, 실험동물, 반려동물로 나뉩니다. 이러한 동물들을 연구하여 특수동물 전문가를 ㉢양성합니다.

기자: 아하, 그렇군요. 구체적으로 특수동물 전문가는 어떤 일을 하나요?

학생 : 예를 들면 여러분이 잘 아는 반려견훈련사, 반려견지도사, 반려동물미용사 등 반려동물 관련 직업도 있고요. 동물보건관리사, 야생동물재활사, 동물행동상담사, 실험동물기술원 등 다양한 자격을 취득해 야생동물 구조센터, 동물원 등 여러 분야에서 전문가로 활동할 수 있다고 합니다. 우리 과에 대해 더 알고 싶으신 분은 학과 홈페이지에 방문하시면 자세한 내용을 확인하실 수 있습니다.

기자 : 동물 복지를 중시하는 요즘 시대에 동물을 깊이 이해할 수 있는 유망한 전공이네요. 반려동물과 관련된 일을 하고 싶거나 동물 복지에 관심 있는 학생들에게 도움이 될 것 같습니다. 오늘 이렇게 특수동물학과에 대해 소개해 주셔서 감사합니다.

STEP 2 내용 정리하기

인터뷰 내용을 요약해 보십시오.

특수동물이란?	
취득할 수 있는 자격증은?	
진출 분야는?	

STEP 3 내용 확인하기

1. 밑줄 친 ㉠과 관계없는 것을 고르십시오.

   ① 반려동물 미용사　　② 동물 훈련사
   ③ 실험동물기술원　　④ 가축산업관리사

2. 밑줄 친 ㉡의 의미와 반대되는 것을 고르십시오.

   ① 익숙하다　　② 서툴다
   ③ 적응하다　　④ 간단하다

3. 밑줄 친 ㉢의 의미와 다른 것을 고르십시오.

   ① 키우다　　② 기르다
   ③ 육성하다　　④ 사육하다

4. 위 글의 내용과 일치하는 것을 고르십시오.

   ① 한국의 반려동물인구는 천만 명밖에 안 된다.
   ② 동물은 야생동물, 실험동물, 반려동물로 나뉜다.
   ③ 학과 홈페이지에서 관련 자격증을 확인할 수 있다.
   ④ 동물행동상담사가 되려면 반드시 특수동물학과를 졸업해야 한다.

 **쓰기**

STEP 1 글감 찾기

다음에 해당되는 직업을 생각해 보십시오.

인기 있는 직업	

새로 생긴 직업	

사라지지 않을 것 같은 직업	

STEP 2 내용 만들기

찾은 글감을 바탕으로 각 문단을 완성해 보십시오.

⎯⎯ 1. 현재 인기 있는 직업과 그 이유는 무엇입니까? ⎯⎯

⎯⎯ 2. 새로 생긴 직업 중에 유망한 직업은 무엇입니까? ⎯⎯

⎯⎯ 3. 그 이유는 무엇입니까? ⎯⎯

⎯⎯ 4. 새로 생긴 직업 중에 사라지지 않을 것 같은 직업과 그 이유는 무엇입니까? ⎯⎯

 글 완성하기

만든 내용을 바탕으로 유망할 것 같은 직업에 대해 근거를 들어 글을 써 보십시오.

06 백제의 역사

학습목표　1. 세부 내용을 파악하며 글을 읽을 수 있다.
　　　　　2. 설명하는 글을 쓸 수 있다.

 준비하기

1. 공주의 옛날 이름을 알고 있어요?
2. 고마나루 이야기에 대해 들어본 적이 있어요?

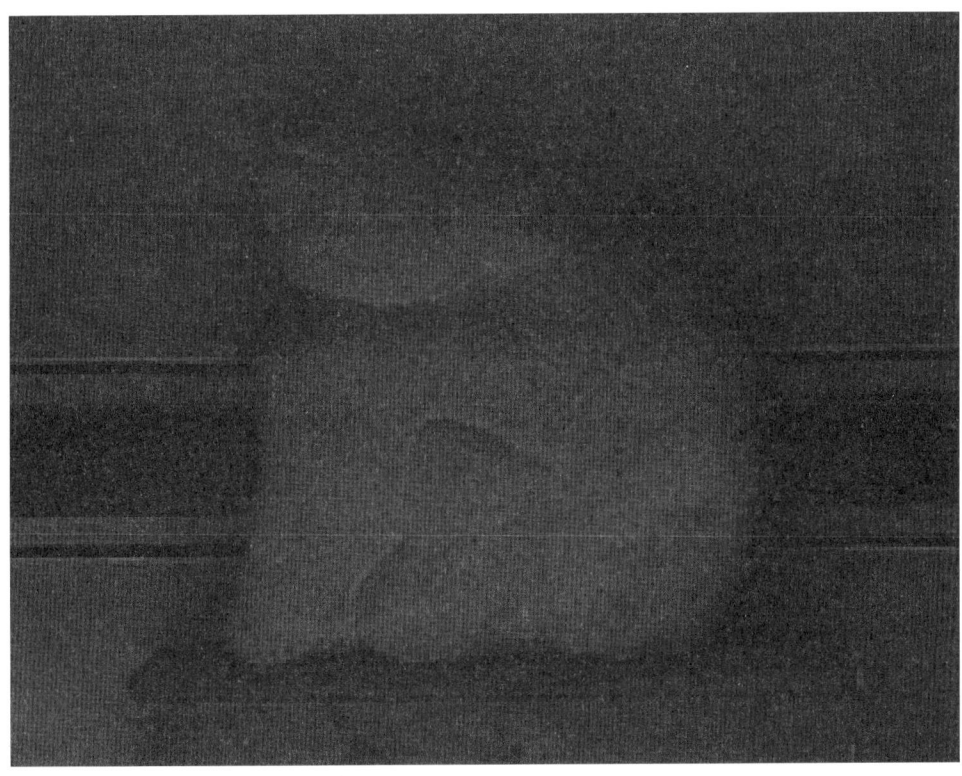

어휘

STEP 1 어휘 배우기

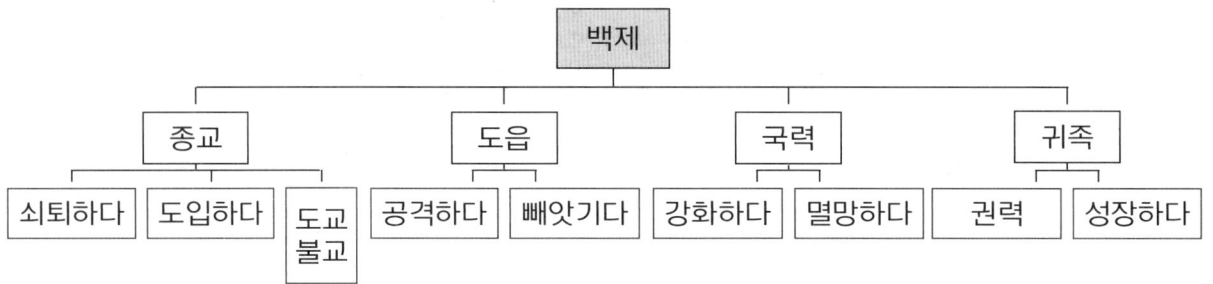

STEP 2 알맞은 어휘 찾아 넣기

1. 백제는 중국에서 건축 기술을 (   ) 발전시켰다.
2. 동생이 태어나면서 부모님의 사랑을 (   ).
3. 한 예언가는 1999년에 인류가 (   ) 것이라고 예언했다.
4. 전염병 발생에 따라 공항에서는 여행객에 대한 검역이 (   ).
5. 세계 경제는 꾸준히 (   ) 있다.

STEP 3 학습한 어휘를 확인하며 읽어 보기

환웅은 아버지께 인간 세상에서 살고 싶다고 말했어요.

환웅은 인간 세상으로 내려왔어요.

어느 날, 호랑이와 곰이 찾아와 사람이 되고 싶다고 말했어요.

호랑이는 마늘과 쑥을 먹다가 뛰쳐나갔으나 곰은 참고 먹었어요.

곰은 여인이 되어 환웅과 결혼해 단군을 낳았어요.

단군은 한국 최초 국가인 고조선을 세웠어요.

– 여러분 나라의 신화나 전설을 위와 같이 표현해 보십시오.

문법과 표현

1. N만, N도

1) 우리 반에서 나만 숙제를 안 했어요.
2) 엘레나는 한국 음식을 잘 먹는데 김치만 못 먹어요.
3) 쯔엉은 비빔밥을 좋아해요. 그리고 불고기도 좋아해요
4) 내 친구는 된장찌개도 잘 끓이고, 김치찌개도 잘 끓여요.

✓ 빈칸에 알맞은 말을 쓰십시오.
1) 크리스는 영어(   ) 잘해요. 그리고 한국어(   ) 잘해요.
2) 내 동생은 피자(   ) 잘 만들고, 파스타(   ) 잘 만들어요.
3) 귤은 제주도에(   ) 있는 것이 아니에요.
4) 다른 사람은 필요 없어. 나는 너(   ) 있으면 돼.
5) 공부는 너(   ) 하는 게 아니야. 나(   ) 해.

2. N은/는 A-다는 것이다, V-ㄴ/는다는 것이다

1) 친구들이 말하는 나의 장점은 성실하다는 것이다.
2) 한국 사람들의 특징은 매운 음식을 잘 먹는다는 것이다.
3) SNS의 장점은 다양한 사람들과 소통할 수 있다는 것이다.

✓ 다음 말을 활용하여 문장을 만드십시오.
1) (한국 날씨 특징, 사계절이 있다)
　..
2) (외국인 친구를 사귀어 좋은 점, 말을 쉽게 배울 수 있다)
　..
3) (엄마가 말하는 나의 단점, 게으르다)
　..

4) (운동을 하면 좋은 점, 건강해지다)
....

5) (유학 생활의 힘든 점, 친구를 사귀기 어렵다)
....

3. A/V-(으)나

1) 좋은 약은 입에 쓰나 몸에 좋습니다.
2) 공부를 열심히 하나 실력이 늘지 않는다.
3) 지금은 경제가 어려우나 곧 회복될 것이다.

✓ 맞는 것은 O, 틀린 것은 X 하십시오.
1. 열심히 수업을 들으나 이해하지 못 합니다. (   )
2. 가격은 다르나 성능은 비슷합니다. (   )
3. 어려운 상황이 됐으나 해결할 수 있습니다. (   )
4. 처음에는 힘드나 나중에는 편해집니다. (   )
5. 시간이 부족하나 끝낼 수 있습니다. (   )

4. V-느라(고)

1) 씻느라 전화를 받지 못 했어요.
2) 콘서트에 가느라고 학교에 못 갔어요.
3) 쇼핑을 하느라고 생활비를 다 써 버렸어요.

✓ 맞는 표현을 고르십시오.
1) 늦게 (일어나서, 일어나느라고) 학교에 늦었어요.
2) 감기에 (걸려서, 걸리느라고) 열이 많이 나요.
3) 버스에서 내리다가 (넘어져서, 넘어지느라고) 다리를 삐었어요.
4) 행사를 (준비해서, 준비하느라고) 고생하셨습니다.
5) 책을 (읽어서, 읽느라고) 잠을 못 잤어요.

읽기

STEP 1 읽어 보기

다음을 읽고 물음에 답하십시오.

　백제(B.C. 17년 ~ 660년)는 고구려 동명왕의 아들 온조가 한강 지역을 중심으로 세운 나라이다. 강 주변을 중심으로 농업이 발달하였고 이로 인해 철기 문화도 발달하였다. 또한 황해를 통해 중국의 선진 문화를 ㉠받아들이기 좋은 위치였다. 이러한 위치적 특성으로 백제는 빠르게 성장할 수 있었다.

　근초고왕 시기는 백제의 영토가 가장 넓었던 시기로 고구려 땅인 황해도까지 영토를 넓혔으며 중국과의 활발한 교류로 불교와 한자도 일찍이 도입되었다. 그러나 475년 고구려의 공격으로 인해 현재의 서울(한성)에서 공주(웅진)로 도읍을 옮겼고, 538년에는 다시 현재의 부여(사비)로 도읍을 옮겼다. 따라서 수도를 옮긴 것을 기준으로 백제의 시대는 한성 시대, 웅진 시대, 사비 시대로 구분한다.

　웅진 시대 초기에는 왕보다 귀족들의 권력이 커지면서 혼란스러웠다. 이후 동성왕은 신라 왕족과 결혼을 하여 왕의 권력을 강화하고, 웅진 지역의 귀족과 힘을 합쳐 국력을 키웠다. 무령왕은 귀족의 힘을 누르고 왕의 힘을 키우는 한편 ㉡고구려에게 빼앗긴 영토를 되찾고 남쪽으로는 섬진강까지 진출하였다.

무령왕의 아들 성왕은 수도를 부여(사비)로 옮기고, 나라의 이름도 남부여로 고쳤다. 이후 신라와 함께 고구려에게 빼앗긴 한강 지역을 차지하였으나 신라에게 다시 빼앗겼다. 이때부터 백제는 왕의 힘이 약해지면서 귀족의 권력이 강해졌고 나라도 점점 쇠퇴하였다. 무왕은 왕의 권력을 강화하기 위해 신라를 여러 차례 공격하였으나 오히려 당나라와 연합한 신라의 공격을 받았다. 전쟁을 하느라 국력이 약해진 백제는 의자왕 660년에 멸망하고 말았다.

　유네스코에 따르면 백제역사유적지구에서 볼 수 있는 수도의 입지, 불교 사찰과 고분, 석탑 등은 백제만의 고유한 문화, 종교, 예술미를 보여주는 탁월한 증거라는 것이다. 또한 이들에 나타난 고고학 유적과 건축물은 한국과 중국 및 일본의 고대 왕국들 사이에 있었던 상호 교류를 통해 이룩된 백제의 건축 기술의 발전과 불교 확산에 대한 증거로 볼 수 있기에 세계문화유산으로 선정하였다고 한다.

STEP 2 내용 정리하기

위 글을 읽고 내용을 정리해 보십시오.

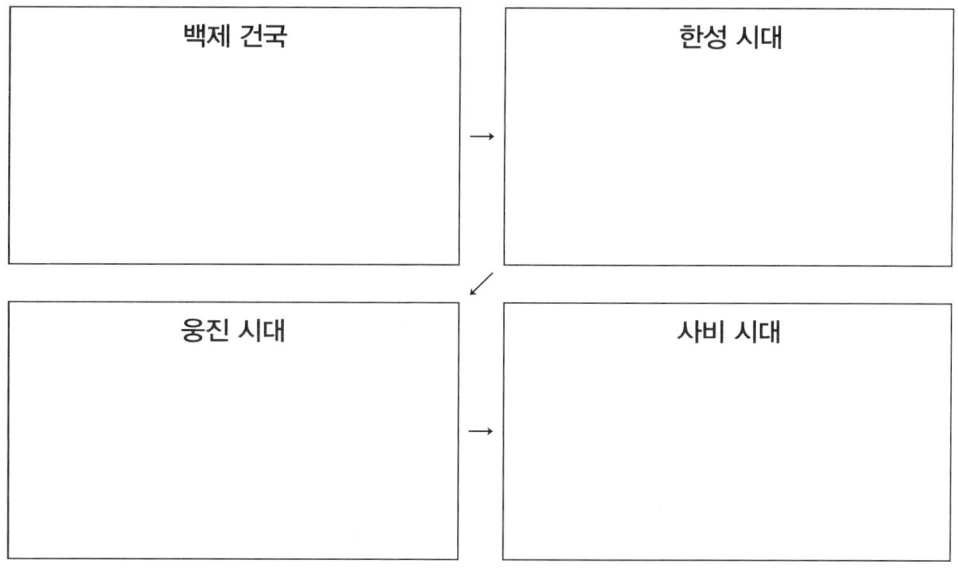

STEP 3 내용 확인하기

1. ㉠의 의미와 비슷한 것을 고르십시오.

    ① 수입하다
    ② 수확하다
    ③ 수용하다
    ④ 수비하다

2. ㉡의 의미와 같은 것을 고르십시오.

    ① 고구려에게 영토를 찾아 달라고 부탁하고 섬진강까지 갔다.
    ② 섬진강까지 가기 위해서 고구려를 공격하여 땅을 빼앗았다.
    ③ 고구려에게 땅을 빼앗기고 남쪽에 있는 섬진강까지 빼앗겼다.
    ④ 고구려의 땅을 다시 빼앗고 남쪽에 있는 섬진강까지 차지하였다.

3. 이 글의 내용과 일치하지 않는 것을 고르십시오.

    ① 백제는 한성 시대, 웅진 시대, 사비 시대로 나뉜다.
    ② 백제는 고구려와 연합하여 신라를 공격하였다.
    ③ 백제는 결혼을 통해 왕의 권력을 강화하기도 하였다.
    ④ 백제는 농업을 중심으로 철기 문화가 발달하였다.

4. 백제역사유적지구가 세계문화유산으로 선정된 이유가 아닌 것을 고르십시오.

    ① 중국과 일본의 문화를 이어주어서
    ② 백제만의 독특한 아름다움이 있어서
    ③ 건축미뿐만 아니라 기술도 뛰어나서
    ④ 사찰 등 종교 확산의 증거를 보여줘서

STEP 4 내용 확장하기

다음을 읽고 ㉠과 ㉡에 들어갈 말을 각각 한 문장으로 쓰십시오.

---

1. 역사는 과거에 있었던 사실을 기록한 것이다. 그러나 과거에 있었던 모든 일이 (㉠). 과거에 있었던 사실과 역사가의 해석이 더해져 역사가 되는 것이다. 그러면 역사는 왜 기록해야 하는가? 역사를 기록하는 이유는 지금 일어나는 사실을 다음 세대에게 전달하는 데 그 목적이 있다. 더불어 역사의 기록을 통해 우리는 앞으로 일어날 일을 예측하여 준비할 수도 있다. 그러므로 (㉡).

㉠ ....

㉡ ....

---

2. 우리는 자신의 문화와 다른 문화가 차이가 있다는 것을 인정하고 이해하는 태도를 가져야 한다. 왜냐하면 각 사회마다 다른 환경에서 (㉠). 이런 독특한 문화를 올바르게 이해하기 위해서는 그 사회의 입장에서 문화를 이해해야 한다. 그러나 자신의 문화를 중심으로 (㉡). 이렇게 다른 문화를 무시하는 사람들은 문화의 차이를 이해하지 못하기 때문이다.

㉠ ....

㉡ ....

쓰기

STEP 1 글감 찾기

여러분 나라의 역사적인 인물은 누가 있습니까?
한 분을 선정하여 써 보십시오.

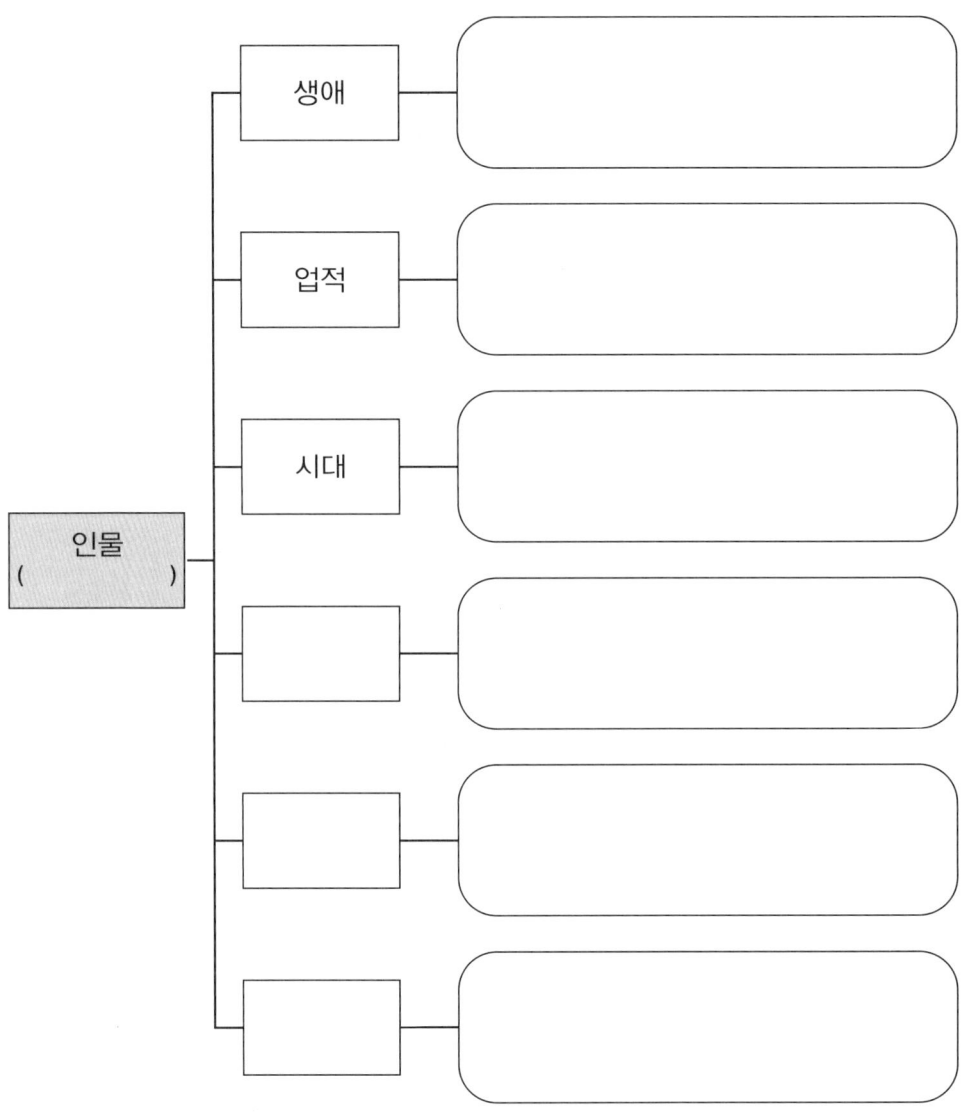

STEP 2 내용 만들기

찾은 글감을 바탕으로 각 문단을 완성해 보십시오.

---
1. 여러분 나라에서 역사적으로 훌륭한 인물은 누구입니까?

---
2. 그 분은 어느 시대 사람입니까?

---
3. 그 분은 어떤 일을 했습니까?

---
4. 왜 그 분을 소개하고 싶습니까?

STEP 3 글 완성하기

만든 내용을 바탕으로 여러분 나라의 역사적인 인물을 설명하는 글을 써 보십시오.

45

90

135

180

210

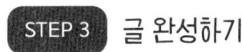

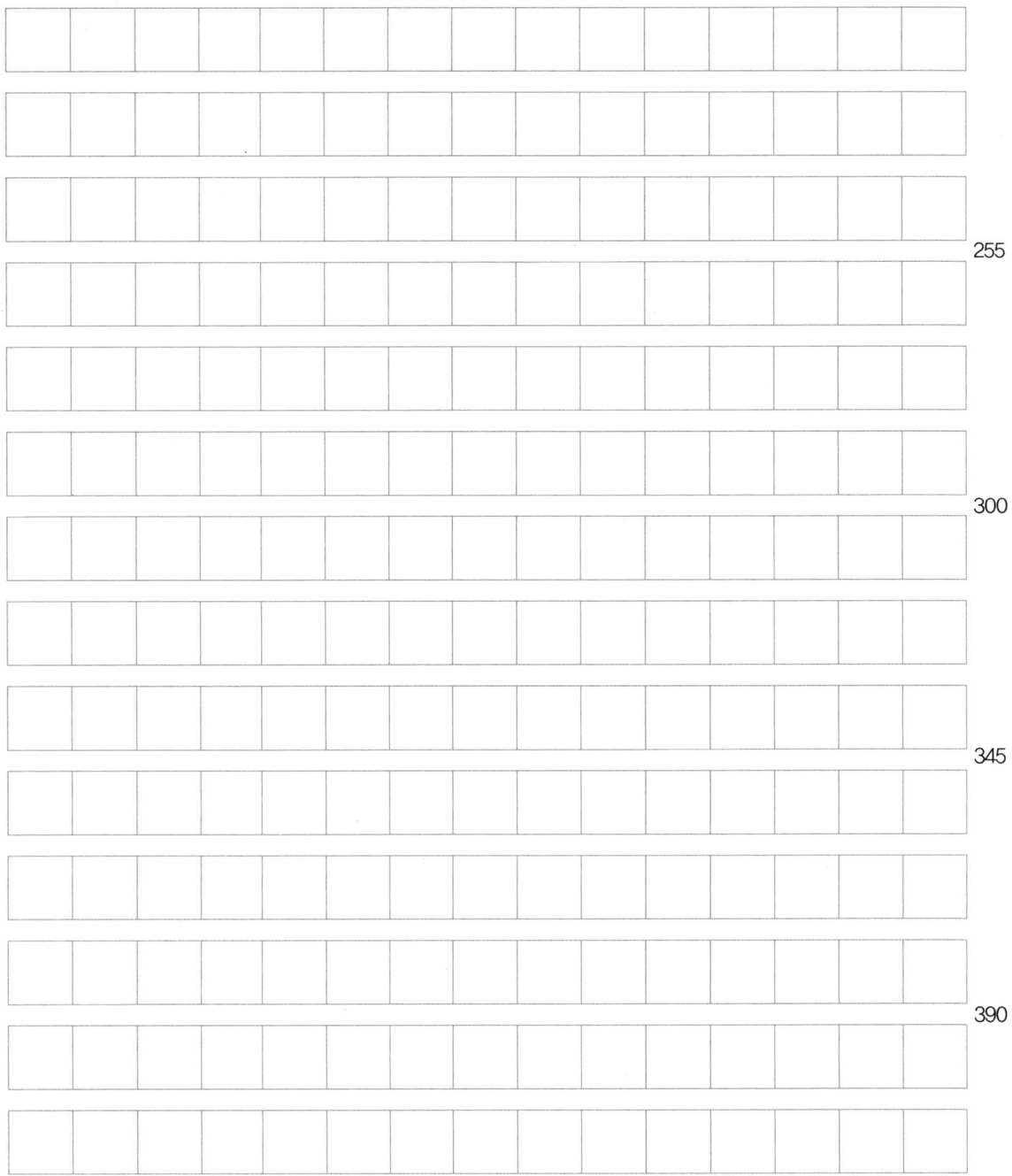

07 무령왕릉과 백제금동대향로

학습목표
1. 백제 문화에 대한 글을 읽고 이해할 수 있다.
2. 자료를 활용하여 글을 쓸 수 있다.

◉ 준비하기

1. 백제문화제에 가 본 적이 있어요?
2. 공주에는 어떤 백제 문화유산이 있어요?

어휘

STEP 1 어휘 배우기

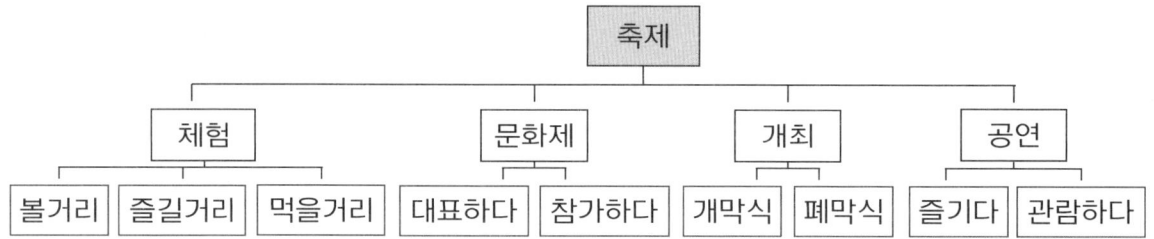

STEP 2 알맞은 어휘 찾아 넣기

1. 백제문화제는 백제의 수도였던 공주시와 부여군에서 개최하는 역사문화 (　　)이다.
2. 백제문화제에서는 공연, 불꽃놀이, 백제 의상 체험 등 (　　) 수 있는 프로그램이 많다.
3. 축제의 시작을 알리는 (　　)에서는 유명한 가수들의 공연도 볼 수 있다.
4. 백제문화제에서는 볼거리, 먹을거리, 즐길거리 등 다양한 (　　)이/가 가능하다.
5. 백제문화제 기간에는 공산성을 무료로 (　　) 수 있다.

STEP 3 학습한 어휘를 확인하며 읽어 보기

　　나는 친구들과 이번 백제문화제에 다녀왔다. 백제문화제는 충청남도 공주시와 부여군에서 개최하는 행사로 올해는 개막식을 공주에서, 폐막식을 부여에서 진행했다. 우리는 먼저 공산성에 갔다. 공산성은 백제문화를 대표하는 관광지 이다. 공산성 입구에서는 백제 전통 의상도 입어보고 활쏘기 체험을 하며 즐거운 시간을 보냈다. 산성에 올라가서는 공주의 아름다운 경치를 한 눈에 볼 수 있었다. 그 다음에는 미르섬에 갔다. 미르섬에는 볼거리, 즐길거리, 먹을거리로 가득했다. 저녁에 유명한 가수가 와서 공연을 했는데 많은 사람들이 하나가 되어 노래를 부르는 모습이 흥미로웠다.
　　백제문화제에는 다양한 프로그램이 준비되어 있어서 우리는 보고 즐기고 체험도 할 수 있었다. 우리에게는 아주 보람이 있고 잊을 수 없는 문화 체험이었다. 앞으로도 나는 이런 문화 축제에 많이 참가했으면 좋겠다.

문법과 표현

1. N(으)로 나타나다

1) 설문 조사 결과 삼겹살을 좋아하는 외국인이 65%로 나타났다.
2) 60대와 20대 모두 건강을 위해서 운동이 필요하다고 생각하는 사람이 많은 것으로 나타났다.
3) 남자의 경우 스트레스를 풀기 위해 운동을 한다가 60%로 가장 높게 나타난 데 반해 여자는 10%로 가장 낮게 나타났다.

✓ 다음의 내용을 읽고 위의 문형을 이용하여 문장을 만들어 보십시오.

〈배우자를 선택하는 조건〉

여자	성격(32%)	경제력(35%)	외모(27%)	사랑(6%)
남자	성격(40%)	경제력(20%)	외모(27%)	사랑(13%)

1. ....
2. ....

〈주말을 어떻게 보내는가?〉

가족과 함께 즐거운 시간을 보낸다.	57%
독서, 운동 등 취미 생활을 한다.	24%
잠을 잔다.	10%
회사 일을 한다.	9%

1. ....
2. ....

2. N을/를 차지하다

1) 조사 결과 명절에 받고 싶은 선물 1위는 현금으로 54%를 차지했다.
2) 아동·청소년의 비만 인구가 계속 증가해서 전체 비만 인구의 20%를 차지한다.
3) 성인 남녀 500명을 대상으로 자주 읽는 도서 분야에 대해 설문 조사를 실시하였다. 남자의 경우 경제 분야의 책이 67%로 가장 높게 나타났고 그 다음으로 문학 분야가 20%를 차지했다.

크리스마스에 가장 받고 싶은 선물은?

남성들이 받고 싶은 선물	순위	여성들이 받고 싶은 선물
시계 22.1%	1	액세서리 20.5%
의류 13.7%	2	의류 17.8%
전자 기기 10.8%	3	가방 11.8%

1. _____.
2. _____.
3. _____.
4. _____.

3. N에 불과하다

1) 회의에 참석한 인원은 다섯 명에 불과했다.
2) 대학은 인생의 여러 단계 중 하나에 불과할 뿐이다.
3) 가족의 형태가 변하고 있다. 2000년에 1인 가구는 6.3%에 불과했으나 2020년에 27%로 늘었다.

✓ 밑줄에 알맞은 말을 쓰십시오.

1) 가 : 기숙사 옆에 쌓여 있는 쓰레기 봤어?
   나 : 응, 봤어. 그건 _____. (일부)

2) 가 : 빵 한 개로 식사가 되겠어요?
   나 : 안 되죠. _____. (간식)

3) 가 : 시험 공부 많이 했어요?
   나 : 시험 범위 6과 중에 1과 공부했어요. 이제 _____. (시작)

4) 가 : 김 선생님, 학생들 이번 토픽 시험에 많이 합격했대요?
   나 : _____. (10%)

5) 가 : 우리 회사 사정이 어려워졌다는 것이 사실이에요?
   나 : 아니에요. _____. (소문)

4. N에 달하다

1) 하루 평균 발생하는 음식물 쓰레기양은 15,142톤에 달한다고 한다.
2) 공주시의 인구는 11만 명에 불과한데 세종시의 인구는 36만에 달한다.
3) 최근 한국은 빠르게 고령화 사회가 되어 가고 있다. 2000년 전체 인구의 7%에 불과했던 65세 이상 노인 인구는 꾸준히 증가해서 2014년에는 전체 인구의 15%에 달했다.

✔ 밑줄에 알맞은 말을 쓰십시오.

1) 가 : 대전은 집을 구하기가 어려운가 봐요.
   나 : 아파트는 부족한데 대전 인구가 _____. (150만 명)
2) 가 : 어제 콘서트 어땠어요?
   나 : _____ 팬들이 모여 하나가 됐어요. (만 명)
3) 가 : 불우 이웃을 돕기 위해 모금을 하고 있다면서요?
   나 : 지금까지 모인 금액이 _____. (1억 원)
4) 가 : 이번 홍수 때문에 피해를 입은 사람이 많대요.
   나 : 네, _____.(수천 명)

※ 틀린 부분 고쳐 보기

1. 조사 결과 한국 드라마를 좋아하는 외국인이 46%를 나타났다.
   → _____

2. 조사 결과 한국 드라마를 좋아하는 외국인이 46%로 차지했다.
   → _____

3. 등산을 좋아한다고 응답한 사람은 8%가 불과했다.
   → _____

4. 생활 쓰레기 중에서 플라스틱이 30%를 달한다고 한다.
   → _____

읽기

STEP 1 읽어 보기

다음을 읽고 물음에 답하십시오.

　공주 시민을 대상으로 백제의 대표적인 문화유산을 조사한 결과 무령왕릉은 47%, 백제금동대향로는 33%로 1, 2위를 차지하였다. 그 이외의 답변으로는 낙화암 10%, 공산성 7%로 나타났으며 고마나루는 ㉠3%에 불과하였다. 1, 2위를 차지한 무령왕릉과 백제금동대향로에 대해서 살펴보고자 한다.

　무령왕릉은 백제 제 25대 임금인 무령왕과 왕비의 무덤이다. 1971년 다른 무덤의 배수로 작업을 하다가 우연히 발견하였다. 무덤은 중국에서 유행하던 벽돌무덤이며, 벽돌에는 연꽃무늬가 새겨져 있다. 무덤 벽면에는 등잔을 올려 놓는 부분과 창문 모양이 있다. 특히 입구에서 발견된 돌에 무덤의 주인과 무덤을 만든 연대가 새겨져 있다. 공주 송산리고분군에 있는 무덤 중에 유일하게 도굴되지 않은 것으로, 왕과 왕비의 금제 관장식을 비롯하여 총 108종 4,600점에 달하는 유물이 발견되어 백제문화의 우수성을 보여주고 있다.

 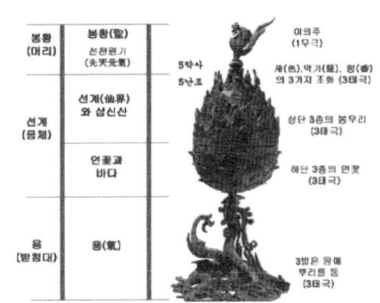

　백제금동대향로는 원래 부여 능산리 고분을 찾는 관광객을 위한 화장실을 건설하던 곳에서 발견되었다. 1995년의 발굴 조사로 대향로가 발견된 지역이 백제 시대 왕실의 절이 있던 곳이다. 그곳에서 "이 절을 지었다"는 기록이 발견되었기 때문이다. 따라서 백제금동대향로는 단순한 향로가 아니라 백제왕실의 중요한 제사에 사용된 것으로 예상된다.

　백제금동대향로는 전체 높이가 61.8cm이며 용 모양의 향로 받침, 연꽃 모양의 향로 몸체, 산 모양인 향로 뚜껑, 뚜껑 위에 앉아 있는 봉황으로 이루어져 있다. 이 향로의 뚜껑

부분 꼭대기에는 봉황이 턱 아래 여의주를 끼고 있다. 향로의 몸체 부분은 연꽃잎이 새겨져 있고, 연꽃잎 사이에도 두 명의 신선과 날개 달린 물고기가 새겨져 있다. 그리고 향로의 받침은 한 다리를 생동감 있게 들고 있는 용이 활짝 핀 연꽃을 입으로 받치고 있다.

불교문화연구가들에 의하면 향로 뚜껑에 새겨진 산 모양은 도교의 이상향을, 몸체에 새겨진 연꽃 모양은 불교의 이상향을 드러내고 있는 독특한 유물이라고 한다. 백제금동대향로는 현재 국립부여박물관에 소장되어 있다.

STEP 2 내용 정리하기

각 문단의 내용을 요약해 보십시오.

	무령왕릉	백제금동대향로
발견된 곳		
발견된 때		
용도		

STEP 3 내용 확인하기

1. ㉠과 바꿔쓸 수 있는 표현을 고르십시오.
    ① 3%나 된다
    ② 3%밖에 안 된다
    ③ 3%가 넘는다
    ④ 3%를 초과한다

2. 무령왕릉에 대한 설명으로 맞지 않은 것을 고르십시오.
    ① 무령왕릉은 주인을 알 수 없는 무덤이다.
    ② 무령왕릉은 만들어진 시기를 알 수 있는 무덤이다.
    ③ 무령왕릉에서 왕과 왕비가 사용하던 물건이 많이 발견되었다.
    ④ 공주시민이 생각하는 가장 유명한 백제 문화재는 무령왕릉이다.

3. 백제금동대향로의 특징으로 알맞은 것을 고르십시오.
    ① 1995년도에 만들어졌다.
    ② 제일 윗부분에는 용이 여의주를 물고 있다.
    ③ 절 화장실에서 발견되었다.
    ④ 왕실의 중요한 행사에서 사용되던 물건이다.

4. 이 글을 쓴 목적은 무엇인지 쓰십시오.
    (   )

5. 다음을 보고 글을 쓰십시오.

다음을 참고하여 '백제문화제의 방문객 변화' 에 대한 글을 200-300자로 쓰십시오.

조사 기관 : 공주관광연구소

조사 대상 : 백제문화제 방문객

방문자 수

변화 이유

- 볼거리, 즐길거리, 먹을거리 등 다양한 참여 프로그램
- SNS를 통한 활발한 사전 홍보

방문 목적

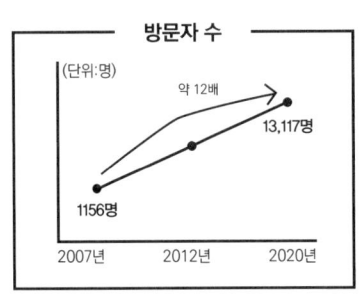

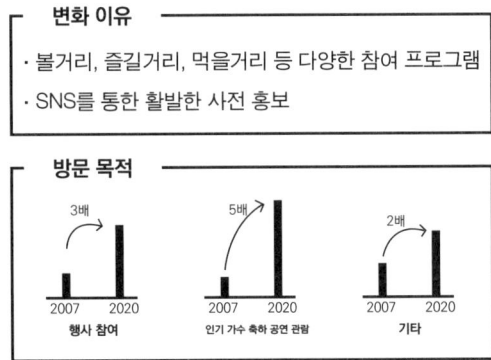

쓰기

STEP 1 글감 찾기

여러분 나라의 대표적인 문화유산에는 무엇이 있습니까?
하나를 선정하여 써 보십시오.

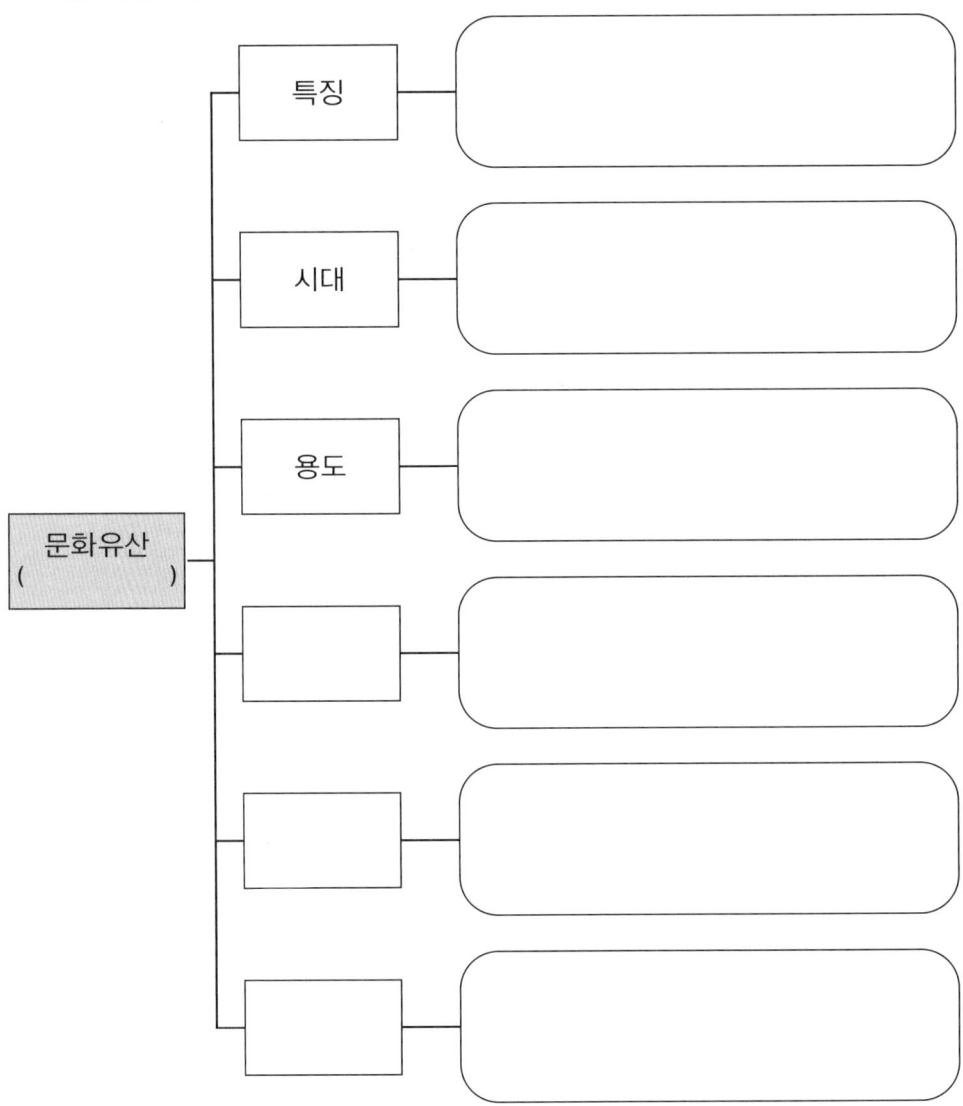

STEP 2 내용 만들기

찾은 글감을 바탕으로 각 문단을 완성해 보십시오.

── 1. 어떤 문화유산이 있습니까? ──

── 2. 어느 시대의 문화유산입니까? ──

── 3. 어떤 특징이 있습니까? ──

── 4. 선정한 이유는 무엇입니까? ──

STEP 3 글 완성하기

만든 내용을 바탕으로 여러분 나라의 문화유산을 설명하는 글을 써 보십시오.

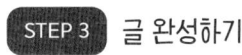

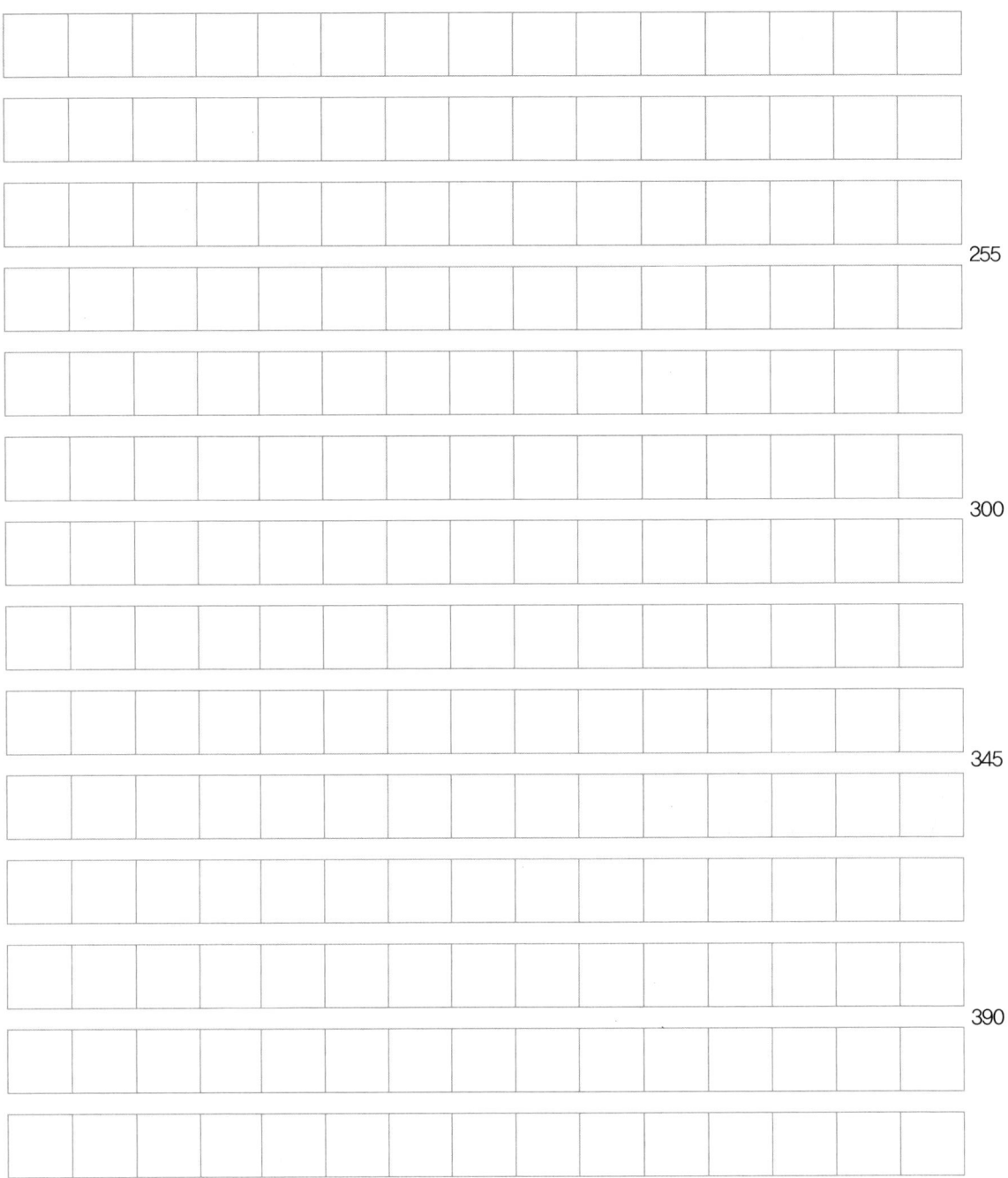

08 한류

학습목표
1. 순서를 파악하며 글을 읽을 수 있다.
2. 자료를 활용하여 글을 쓸 수 있다.

 준비하기

1. 한류에 대해 알고 있어요?
2. 좋아하는 한국 드라마나 한국 노래가 있어요?

인기 한국 드라마 추천

지상파

태양의 후예 KBS, 2016

별에서 온 그대 SBS, 2013

해를 품은 달 MBC, 2012

시크릿 가든 SBS, 2010

어휘

STEP 1 어휘 배우기

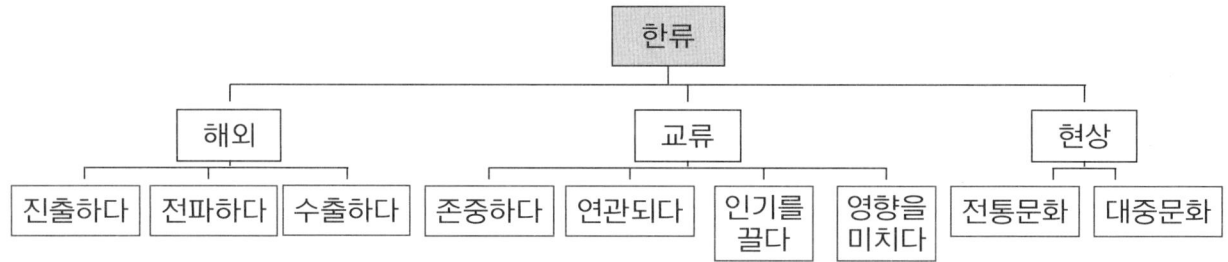

STEP 2 알맞은 어휘 찾아 넣기

1. 한국은 중국으로 자동차를 (   ).
2. 베트남에서는 매운 한국 음식이 (   ) 있다.
3. 휴대전화로 시간을 (   ) 사람들이 많다.
4. 코로나 19 때문에 세계 여러 나라 사이에 (   )이/가 어렵다.
5. 사람들이 쉽게 접하고 즐길 수 있는 문화를 (   )(이)라고 한다.

STEP 3 학습한 어휘를 확인하며 읽어 보기

　한국 드라마 '굿닥터'가 미국에서 '신의 선물 14일'이라는 제목으로 다시 만들어졌다. '굿닥터'와 '신의 선물 14일'은 모두 자폐증 의사가 주인공으로 등장한다. '굿닥터'의 경우 남자 주인공이 의사로서 성장하는 과정과 사랑 이야기가 주된 내용이다. 반면에 '신의 선물 14일'은 병원에서 일어나는 의사들의 삶을 현실적으로 보여준다. 이 드라마는 2017년 미국에서 인기를 끌어 시청률이 가장 높은 시간대에 방영되었다. '신의 선물 14일'을 시작으로 미국에 수출하는 한국 드라마가 증가하였다.

문법과 표현

1. A/V-(으)면, A/V-(으)ㄹ수록

1) 친구가 많으면 많을수록 좋아요.
2) 드라마를 보면 볼수록 재미있어요.
3) 음악을 들으면 들을수록 더 듣고 싶어요.

✓ 밑줄에 알맞은 말을 쓰십시오.
1. 가: 한국어 공부가 너무 어려워요.
   나: _____. (배우다)
2. 가: 선생님, 보고서 언제까지 내야 해요?
   나: _____. (빠르다)
3. 가: 남자 친구/여자 친구 매력이 뭐예요?
   나: _____. (만나다)
4. 가: 학교 근처의 원룸 가격이 너무 비싸요.
   나: _____. (가깝다)
5. 가: 이 책 재미있어요?
   나: _____. (읽다)

2. A-(으)ㄴ 모양이다, V-는 모양이다, N인 모양이다

1) 둘이 닮은 걸 보니 형제인 모양이에요.
2) 전화를 안 받는 걸 보니 자는 모양이에요.
3) 유럽에서 한국 노래가 인기가 많은 모양이에요.

✓ 밑줄에 알맞은 말을 쓰십시오.
1) 가 : 길이 왜 이렇게 막혀요?
   나 : _____. (사고가 나다)
2) 가 : 요즘 도서관에 사람들이 많아요.
   나 : _____. (시험 기간)

3) 가 : 저 식당 앞에 사람들이 많아요.
   나 : .... (맛있다)

4) 가 : 옆방이 너무 시끄러워요.
   나 : .... (집들이하다)

5) 가 : 영화를 보면서 나탸샤 씨가 왜 울어요?
   나 : .... (슬프다)

3. N에 따르면

1) 일기 예보에 따르면 내일은 맑겠습니다.
2) 한글 맞춤법에 따르면 모든 단어는 띄어 써야 합니다.
3) 설문 조사에 따르면 외국인이 가장 좋아하는 음식은 불고기였다.

✓ 다음을 알맞게 연결하십시오.

일기 예보에 따르면 ·   · 약을 뜨거운 곳에 두면 안 된다고 합니다.

조사 결과에 따르면 ·   · 미국에 수출하는 한국 드라마의 수가 늘었다고 합니다.

설명서에 따르면 ·   · 홍수가 날 수 있으니 대비가 필요합니다.

약사에 따르면 ·   · 완전히 충전한 후 사용하는 것이 좋다고 합니다.

4. A/V-(으)ㄹ 때, A/V-았/었을 때

1) 아플 때 부모님이 생각나요.
2) 봉사 활동을 할 때 기분이 좋아요.
3) 어렸을 때에는 매운 음식을 못 먹었어요.
4) 한국에 처음 왔을 때 한국어를 전혀 못 했어요.

✓ 밑줄에 알맞은 말을 쓰십시오.
1) 가 : 언제 속상해요?
   나 : _____.
2) 가 : 언제 외로워요?
   나 : _____.
3) 가 : 언제 가장 기뻤어요?
   나 : _____.
4) 가 : 언제 가장 화가 났어요?
   나 : _____.
5) 가 : 언제 가장 후회했어요?
   나 : _____.

읽기

STEP 1 읽어 보기

다음을 읽고 물음에 답하십시오.

한류는 한국의 문화가 해외로 전파되어 인기를 끌고 있는 것을 말한다. 먼저 일본에서 큰 사랑을 받았던 겨울연가가 한류 드라마의 시작이었다. 배용준, 최지우 주연의 겨울연가는 국내에서도 인기가 있었지만 일본에서 방영되면서 더 큰 인기를 끌었다. 이때 '욘사마', '지우히메'라는 말이 생겨났고, 드라마 촬영지를 관광하는 여행 상품도 개발되었다. 이후 한국의 드라마, 음악, 영화 등의 대중문화가 세계인들에게 사랑을 받고 있다.

드라마뿐만 아니라 음악에서도 세계적인 인기를 얻고 있다. 'K-pop'이라는 말은 2000년대 중반 이후 외국인들이 한국 대중가요를 즐기기 시작했을 때부터 사용되었다. 싸이의 '강남스타일'이 빌보드 차트에 오르면서 전 세계에 K-pop을 알리는 기회가 되었다. 이 외에도 빅뱅, 샤이니, 블랙핑크, BTS(방탄소년단) 등 많은 한국 가수들이 세계를 무대로 활동하고 있다.

특별히 미국에서 K-pop이 인기를 얻는 데에 케이콘의 영향이 큰 모양이다. 케이콘은 CJ ENM이 주최하는 세계 최대의 한류 축제로 2012년 첫 행사를 연 지 8년 동안 100만 명이 넘는 사람이 참가했다. 이 축제는 한국보다 해외에서 더 유명한 한국 문화 축제이다. 월스트리트저널에 따르면 세계에서 한류만큼 성공한 대중문화를 찾기 어렵고, 그 중심에 케이콘이 있다고 한다. 케이콘은 K-pop뿐만 아니라 K푸드, K뷰티 등 한국 문화를 해외에 소개하는 대규모 축제로 발전했다. 이 축제장에는 한국의 만두, 라면, 아이스크림 등 한국의 음식들을 맛보려는 사람들과 마스크팩, 화장품 등을 체험해 보려는 사람들로 붐빈다. 한 온라인 쇼핑몰에 따르면 이러한 한류의 인기가 많아질수록 한국어 교육과 관련된 상품의 판매도 (　　)고 한다.

한국 드라마, K-pop 등에 대한 관심은 한국 문화에 대한 관심으로 (　　) 있으며, 이에 따라 한류의 분야도 다양해질 것으로 보인다. 그러나 한류의 성장이 지속되기 위해서는 다른 나라의 문화에 대한 이해도 필요하다. 따라서 다른 나라의 문화를 존중하면서도 한국 고유의 문화적 특징을 드러내는 콘텐츠를 개발해야 할 것이다.

STEP 2 내용 정리하기

읽기 본문의 내용을 간단하게 작성해 보십시오.

처음	1문단
중간	2문단
	3문단
끝	4문단

STEP 3 내용 확인하기

1. 이 글을 쓴 이유를 고르십시오.

    ① 한류 드라마를 수출하기 위해
    ② 대중음악의 역사를 알려 주기 위해
    ③ 한국어 교육 자료를 홍보하기 위해
    ④ 한류의 역사와 분야를 소개하기 위해

2. ( ) 안에 들어갈 말로 알맞은 것을 고르십시오.

    ① 증가하다 - 확대되다
    ② 상승하다 - 확장되다
    ③ 감소하다 - 확인되다
    ④ 인상하다 - 확산되다

3. 이 글의 내용과 일치하는 것을 고르십시오.

    ① 한류는 케이콘에서 시작되었다.
    ② K-pop이 유명해지면서 드라마나 영화도 인기를 끌었다.
    ③ 한국어 교육과 관련된 콘텐츠가 개발되고 있다.
    ④ 한류의 영향으로 식품, 미용 등의 상품도 인기를 얻고 있다.

4. 한류가 더 발전하기 위한 방안을 찾아 쓰십시오.

    (   )

5. 다음을 읽고 글을 써 보십시오.

최근 국제 사회에 한류가 확산되고 있습니다. 다음 자료를 참고하여 한류 확산의 배경과 현황을 설명하는 글을 200~300자로 쓰십시오.

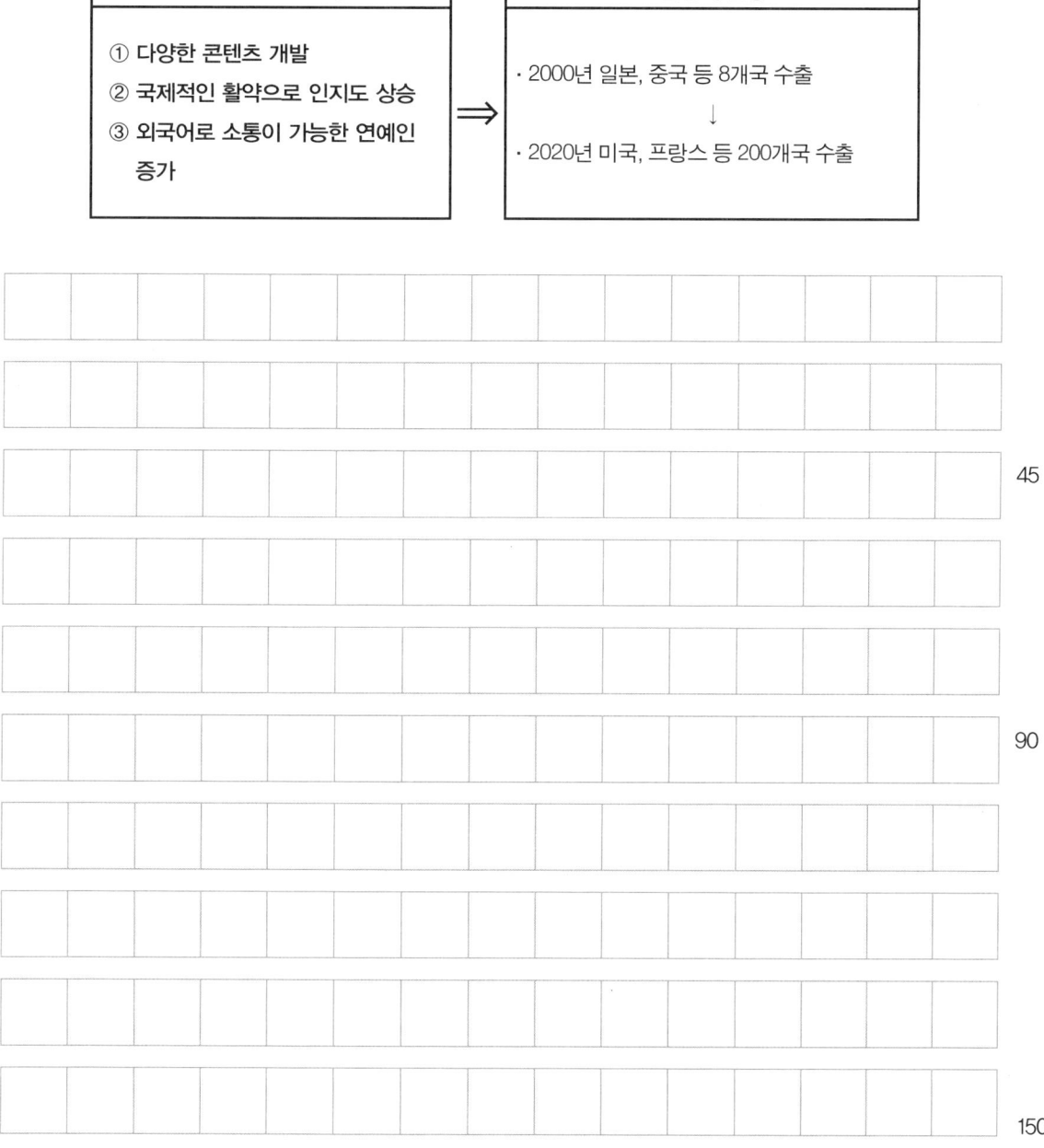

한류 확산의 배경
① 다양한 콘텐츠 개발
② 국제적인 활약으로 인지도 상승
③ 외국어로 소통이 가능한 연예인 증가

⇒

한류의 현황
· 2000년 일본, 중국 등 8개국 수출
  ↓
· 2020년 미국, 프랑스 등 200개국 수출

쓰기

STEP 1 글감 찾기

자신의 나라에서 유명한 연예인에 대한 정보를 써 보십시오.

STEP 2 내용 만들기

찾은 글감을 바탕으로 발표 자료를 만들어 보십시오.

1. 제목 및 목차

2. 자신의 나라에서 유명한 연예인들은?

3. 내가 좋아하는 연예인

4. 활동 분야

5. 내가 좋아하는 이유

6. 정리 및 요약

STEP 3 글 완성하기

만든 내용을 바탕으로 발표할 내용을 글로 써 보십시오.

09 수업 방식의 변화

학습목표
1. 주장과 근거를 파악하며 글을 읽을 수 있다.
2. 자신이 선호하는 온라인 수업 방식을 제안하는 글을 쓸 수 있다.

● 준비하기

1. 온라인 수업을 들어본 적이 있어요?
2. 온라인 수업을 들을 때 어땠어요?

어휘

STEP 1 어휘 배우기

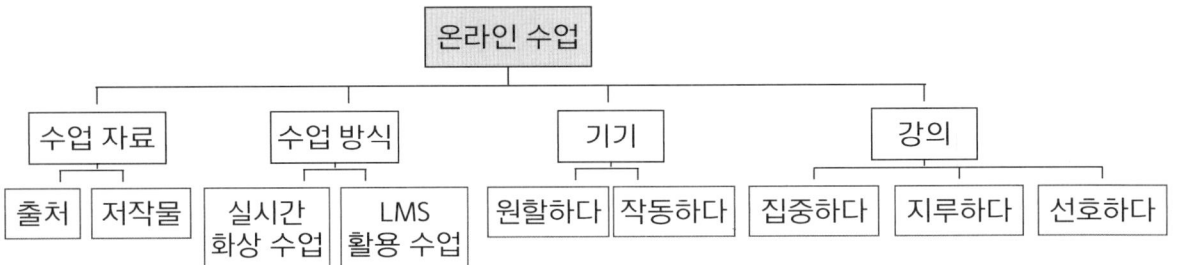

STEP 2 알맞은 어휘 찾아 넣기

1. (   ) 수업은 인터넷으로 운영되는 수업이다.
2. (   ) 수업은 서로 얼굴을 마주보고 이루어지는 수업이다.
3. 온라인 수업을 할 때 (   ) 못하는 학생들도 있다.
4. 학교들은 전염병으로 인해 비대면 (   )을/를 선택하였다.
5. 보고서를 쓸 때에는 자신이 찾은 자료의 (   )을/를 밝혀야 한다.

STEP 3 학습한 어휘를 확인하며 읽어 보기

온라인 수업 환경을 만들기 위해 지켜야 할 예절
① 기기 준비 - 온라인 수업에서는 수업 시간 전에 원활한 수업을 위해 준비를 해야 한다. 온라인 수업의 특성상 가장 중요한 것은 컴퓨터나 휴대전화 등 통신 기기를 준비하는 것이다. 수업에 참여할 때 사용할 기기의 전원이 켜졌는지, 배터리는 충분한지, 카메라나 마이크 등도 잘 작동하는지 확인해야 한다.
② 저작권 보호 - 수업에서 사용된 강의 자료나 강의 영상에도 저작권이 있다. 따라서 강의 자료나 강의 내용을 촬영하거나 편집해서 다른 사람들에게 보여 주면 안 된다. 이것은 타인의 저작권을 보호하고 저작물을 존중하는 태도이다.

🔵 문법과 표현

**1. V-다가,
V-았/었다가**

1) V-다가
   - 집에 가다가 친구를 만났어요.
   - 집에서 온라인 수업을 듣다가 졸았어요.
   - 공부를 하다가 자꾸 휴대 전화를 보게 돼요.

2) V-았/었다가
   - 학교에 갔다가 커피숍에 갔어요.
   - 컴퓨터를 껐다가 다시 켜 보세요.
   - 옷을 샀다가 마음에 안 들어서 환불했어요.

✓ 문장에 알맞은 것을 고르세요.
1) 테니스를 (치다가/쳤다가) 넘어져서 다쳤어요.
2) 시험공부를 (하다가/했다가) 친구가 와서 놀았어요.
3) 지하철을 (타다가/탔다가) 잘못 타서 내렸어요.
4) 버스에서 (내리다가/내렸다가) 사고가 났어요.
5) 옷을 (입다가/입었다가) 날씨가 더워서 벗었어요.

2. V-(으)ㄹ 만하다

1) 읽을 만한 책을 추천해 주세요.
2) 학생들 중에는 온라인 수업도 할 만하다는 의견이 많았다.
3) 역사에 관심이 있으면 공산성과 무령왕릉도 가 볼 만하다.

✓ 밑줄에 알맞은 말을 쓰십시오.
1) 가 : 요즘 온라인 수업 듣고 있죠? 어때요?
   나 : _____.(듣다)
2) 가 : 내가 말한 식당 가 봤어? 맛있지?
   나 : 응. 정말 맛있었어. 역시 네 말은 _____. (믿다)
3) 가 : 다이어트 중인데 배가 너무 고파.
   나 : 다이어트 중이더라도 우유나 요구르트는 걱정 없이 _____.(먹다)

4) 가 : 학과사무실에 갔다가 들었는데 이번에 왕가가 장학금을 받는대.
　　나 : 왕가는 무엇이든지 열심히 하니까 _____. (받다)
5) 가 : 새로 나온 책 중에서 _____ 책 좀 추천해 줘. (읽다)
　　나 : 마침 재미있는 역사책을 샀는데 빌려줄까?

3. A/V-았/었으면 좋겠다

1) 키가 좀 더 컸으면 좋겠어요.
2) 한국 친구가 있었으면 좋겠어요.
3) 저는 대면 수업을 했으면 좋겠습니다.

✓ 밑줄에 알맞은 말을 쓰십시오.

1) 가 : 요즘 과제도 많고 시험도 많아서 너무 힘들어요.
　　나 : 저도 그래요. 빨리 방학이 _____.
2) 가 : 너무 목이 마르네요. 편의점도 없고……
　　나 : 시원한 물이라도 _____.
3) 가 : 요즘 제일 하고 싶은 일이 뭐예요?
　　나 : _____.
4) 가 : 온라인 수업에서 개선되어야 할 점이 뭐라고 생각해요?
　　나 : _____.
5) 가 : 미래의 수업은 어땠으면 좋겠어요?
　　나 : _____.

4. N보다 (더)

1) 가을보다 여름을 좋아해요.
2) 저는 영어가 한국어보다 더 어려워요.
3) 대면 수업보다 비대면 수업이 더 과제가 많아요.

✓ 제시어에 대한 자신의 생각을 쓰십시오.

1) (공포 영화, 액션 영화)
   ....

2) (단발머리, 긴 머리)
   ....

3) (버스, 택시)
   ....

4) (페이스북, 인스타그램)
   ....

5) (전공 수업, 교양 수업)
   ....

 읽기

STEP 1 읽어 보기

다음을 읽고 물음에 답하십시오.

코로나 19가 ㉠<u>수업 방식의 변화</u>를 가져오고 있다. 대면에서 비대면으로, 오프라인에서 온라인으로 교육 환경이 변화하고 있다. 비대면으로 이루어지는 온라인 수업을 원활하게 진행하려면 먼저 수업을 위한 시설 및 기기가 준비되어야 한다. 그리고 저작권 보호, 온라인에서 지켜야 할 예절 등에 대한 교육이 이루어져야 한다. 온라인 교육을 위한 짧은 준비 기간과 부족한 시설, 학생과 교사들의 경험 부족으로 문제가 생긴다는 부정적인 의견이 있는 반면 자유롭게 수업을 들을 수 있고, 여러 번 반복해서 들을 수 있다는 긍정적인 의견도 있다.

온라인 수업에 대한 의견을 들어 보자.

– 이번 학기 온라인 수업을 진행했는데 어떠셨어요?

"일단 집에서든 카페에서든 수업을 들을 수 있어 편했어요. 강의실을 바꾸지 않아도 되고 출석에 대한 부담감도 없어요. 강의를 듣고 싶을 때 들을 수 있어서 아주 좋아요. 저처럼 아르바이트를 하는 학생에게는 비대면 수업은 할 만한 수업 방법인 것 같아요. 하지만 화면만 쳐다보는 수업은 지루하고 재미없어서 대면 수업보다는 집중하지 못했어요. 그리고 질문을 하면 교수님의 대답을 바로 들을 수 없어서 답답했어요. 또 과제가 대면 수업 때보다 더 많아져서 힘들었어요."

대학교 2학년 한진우 학생

– 아이들이 이번 학기에는 학교에 가지 않고 온라인 수업을 듣게 되었습니다. 학부모님 입장에서는 달라진 점이 있나요?

" 많은 것이 달라졌지요. 원래는 아이들을 학교에 보내고 활용할 수 있는 시간이 있었는데 그 시간이 많이 줄어든 것이 아쉽습니다. 그 대신 그 시간만큼 아이들과 같이할 수 있어 좋았습니다. 안 좋은 점은 아이들이 수업을 듣다가 자꾸 핸드폰을 보거나 수업 이외의 다른 것들을 하며 수업에 집중하지 못한다는 것입니다. 수업에 좀 더 집중할 수 있는 다양한 방법이 있었으면 좋겠습니다. 또 집에서 수업을 듣다 보니 옷도 잘 챙겨 입지 않고, 씻지도 않아 아이들이 게을러지는 것 같습니다. 그리고 집에 오래 있다 보니 운동하는 시간이 줄어 아이의 건강이 걱정입니다."

고등학교 2학년 아들을 둔 학부모 조영실

– 온라인 비대면 수업이라는 새로운 유형의 수업을 진행하셨습니다. 온라인 수업의 장단점을 간단하게 설명해 주세요.

"온라인 수업은 우선 '교실'이라는 공간에서 벗어나 어디에서든지 수업을 들을 수 있다는 매력이 있습니다. 외국에서 귀국하지 못한 학생이나 갑자기 다쳐 학교에 오지 못하는 학생도 스마트 기기만 있으면 어디서나 수업에 참여할 수 있습니다. 반면에 교사 입장에서는 수업을 준비하는 시간이 많이 늘었습니다. 수업에 사용되는 동영상이나 사진 자료의 저작권 문제 해결이 어려워 직접 제작해야 합니다. 수업 자료를 만들었다가 쓰지 못하는 경우도 많습니다. 특히 예체능 과목은 온라인으로 수업하기 어렵습니다. 그리고 무엇보다 대면 수업에 비해 학생들의 흥미를 이끌어내기 어렵고 집중력도 쉽게 떨어집니다."

교사 장규태

STEP 2 내용 정리하기

공주대 한진우 학생

학부모 조영실

교사 장규태

STEP 3 내용 확인하기

1. ㉠이 의미하는 것을 고르십시오.

    ① 대면 수업
    ② 온라인 수업
    ③ 교실 수업
    ④ 예체능 수업

2. 한진우 학생의 생각과 다른 것을 고르십시오.

    ① 강의 시간을 선택할 수 있어서 편했다.
    ② 어디서든 수업을 들을 수 있어서 좋았다.
    ③ 아르바이트를 하는 학생에게는 불편했다.
    ④ 대면 수업보다 지루하고 과제도 많았다.

3. 온라인 수업의 장점을 고르십시오.

    ① 질문에 대한 답변을 바로 들을 수 있다.
    ② 예체능 과목은 온라인 수업을 하기에 더욱 좋다.
    ③ 공부하는 습관이 없는 학생들도 수업에 집중할 수 있다.
    ④ 스마트 기기만 있으면 수업에 참여할 수 있다.

4. 이 신문 기사의 제목으로 적절한 것을 고르십시오.

    ① 온라인 수업 공간을 뛰어 넘다!
    ② 온라인 수업 무엇이 문제인가?
    ③ 온라인 수업 이대로 하면 된다!
    ④ 온라인 수업 어떻게 생각하는가?

쓰기

STEP 1 글감 찾기

- 다음을 주제로 하여 자신의 생각을 600~700자로 글을 쓰시오. 단, 문제를 그대로 옮겨 쓰지 마시오.

　코로나 19가 수업 방식의 변화를 가져오고 있다. 교육 환경이 온라인으로 변화하면서 시간과 공간의 제약이 없는 LMS, 쌍방향 소통이 가능한 ZOOM 등의 다양한 수업 방식이 등장하였다. 그러나 이 온라인 수업 방식들에는 장점이 있는 반면에 단점도 있다. '자신이 선호하는 온라인 수업 방식'에 대한 생각을 쓰라.

- 선호하는 수업 방식은 무엇이며 그 이유는 무엇인가?
- 그 수업 방식의 장점과 단점은 무엇인가?
- 그 수업 방식을 보완할 수 있는 방법은 무엇인가?

STEP 2 내용 만들기

− 질문을 읽고 표를 완성하십시오.

서론	온라인 수업 방식이 등장한 배경과 선호하는 수업 방식은 무엇입니까?
본론	그 수업 방식의 장점은 무엇입니까? 그 수업 방식의 단점은 무엇입니까?
결론	그 수업 방식을 보완할 수 있는 방법은 무엇입니까?

 글 완성하기

만든 내용을 바탕으로 자신이 선호하는 온라인 수업 방식에 대한 글을 써 보십시오.

10 1인 미디어

학습목표　1. 장점과 단점을 파악하며 글을 읽을 수 있다.
　　　　2. 주장하는 글을 쓸 수 있다.

● 준비하기

1. 휴대 전화로 가장 많이 하는 것은 뭐예요?
2. 요즘 자주 보는 방송이 있어요?

 어휘

STEP 1 어휘 배우기

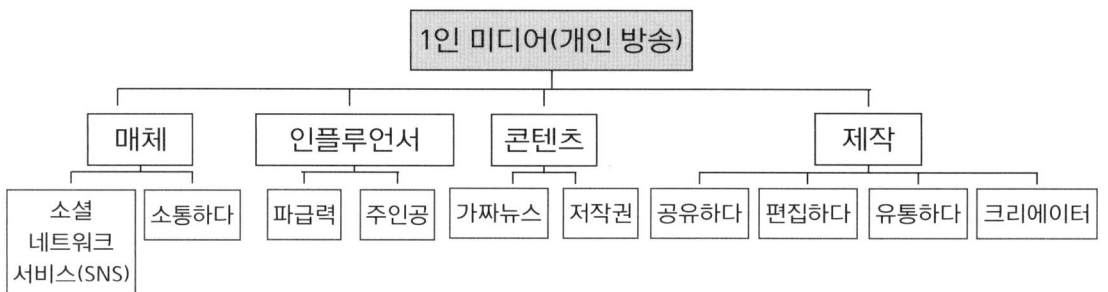

STEP 2 알맞은 설명 연결하기

1인 미디어(방송) · · 개인이 인터넷 방송을 통해 직접 시청자들과 교류하면서 방송하는 시스템
매체 · · 어떤 사실을 널리 전달하는 물체나 수단
저작권 · · 창작물에 대해 저작자가 가지는 권리
공유 · · 두 사람 이상이 어떤 것을 함께 가지고 있음
가짜 뉴스 · · 마치 사실인 것처럼 유포되는 거짓 뉴스

STEP 3 학습한 어휘를 확인하며 읽어 보기

1인 크리에이터를 꿈꾸는 이들에게 전하고 싶은 말은?

오상훈: 크리에이터의 길은 이제 하나의 산업 분야에서 자신의 콘텐츠로 경쟁에 뛰어드는 일이기에 결코 쉽지 않다고 말해주고 싶다. 다만 그 과정에서 다양한 크리에이터 교육 프로그램이나 네트워킹을 활용하면 많은 도움이 되리라 확신한다.

권순성: 1인 크리에이터는 사실 누구든지 될 수 있고, 시작할 수 있는 직업이자 취미다. 하지만 무턱대고 도전하기에는 리스크가 있다. 꼭 자신이 좋아하는 일, 잘하는 일을 '기획'이라는 새로운 틀에 맞춰 시작하길 바란다.

오상희: 누구나 시작할 수 있지만 아무나 버티기 힘든 곳이 바로 크리에이터의 세계다. 열정과 욕심이 넘쳐 초반에 에너지를 다 쏟아부으면 지칠 수밖에 없다. 좋아하는 일을 꾸준히 할 자신이 있다면 도전해도 좋다.

박선희 기자 hee3330@honga.com

문법과 표현

1. A-다고 생각하다, V-ㄴ/는다고 생각하다

1) 요즘에는 1인 방송의 영향력이 크다고 생각합니다.
2) 1인 방송을 통해 사람들과 소통한다고 생각합니다.
3) 올바른 인터넷 사용을 위한 교육이 필요하다고 생각합니다.

✔ 밑줄에 알맞은 말을 쓰십시오.

1) 가 : 사람들이 유튜브를 많이 보는 이유가 뭐라고 생각해요?
   나 : _____.
2) 가 : 지금 다니는 학과의 전망이 어떻다고 생각해요?
   나 : _____.
3) 가 : 인터넷 악성 댓글을 어떻게 하면 줄일 수 있을까요?
   나 : _____.
4) 가 : 스마트폰의 장점은 뭐예요?
   나 : _____.
5) 가 : 일회용품 사용에 대해 어떻게 생각해요?
   나 : _____.

2. A-(으)ㄴ 경우가 있다, V-는 경우가 있다, N인 경우가 있다

1) 공중파 뉴스도 가끔은 가짜 뉴스인 경우가 있다.
2) 인터넷으로 옷을 사면 사이즈가 다른 경우가 있다.
3) 1인 방송은 자극적인 내용으로 문제를 일으키는 경우가 있다.

✔ 밑줄에 알맞은 말을 쓰십시오.

1) 제품에 _____ 100% 환불이 가능합니다. (문제가 있다)
2) 기대를 많이 하면 _____ 종종 있다. (실망하다)
3) 중고차를 사면 _____. (수리비가 더 들다)
4) 화장품이 얼굴에 맞지 않으면 _____. (여드름이 나다)
5) 일이 힘들어서 하루에도 몇 번씩 _____. (그만두고 싶다)

3. A-(으)ㄴ 반면에, V-는 반면에

1) 수지는 한국어를 잘하는 반면에 영어는 못해요.
2) 이 휴대 전화는 가격이 싼 반면에 성능이 좋지 않다.
3) 유튜브 시청 시간은 증가한 반면에 독서 시간은 줄었다.

✓ 밑줄에 알맞은 말을 쓰십시오.
1) 가 : 한국 유학 생활의 장단점이 있어요?
   나 : _____.
2) 가 : 공중파 방송과 인터넷 방송의 차이점이 뭐예요?
   나 : _____.
3) 가 : 기숙사 생활의 장담점이 뭐예요?
   나 : _____.
4) 가 : 한국 음식과 여러분 나라의 음식은 뭐가 달라요?
   나 : _____.
5) 가 : 한국어와 여러분이 사용하는 언어는 어떻게 달라요?
   나 : _____.

4. N(으)로 인하여

1) 인터넷 발달로 인하여 1인 방송이 가능해졌다.
2) 인기 블로거로 인해 그 식당이 유명해졌다.
3) 갑자기 추워진 날씨로 인해 거리에 사람들이 별로 없다.

✓ 밑줄에 알맞은 말을 쓰십시오.
1) 가 : 어? 식당 문이 닫혀 있네요?
   나 : _____ 휴업한다고 해요.
2) 가 : 왜 수강 신청을 변경하고 있어요?
   나 : _____ 폐강됐어요.
3) 가 : 지하철에 사람이 왜 이렇게 많죠?
   나 : _____ 버스 운행이 중단됐다고 해요.
4) 가 : 아키 씨가 갑자기 왜 입원을 했어요?
   나 : _____.
5) 가 : 물건을 주문한 지 벌써 일주일이나 지났는데 왜 안 오나요?
   나 : _____.

 읽기

STEP 1 읽어 보기

다음을 읽고 물음에 답하십시오.

1인 미디어는 개인이 콘텐츠를 기획하고 만들어 유통시키는 것을 말한다. 디지털 기기 발달과 스마트폰이 대중화 되면서 ㉠1인 미디어 전성시대가 열렸다. 인터넷상의 블로그, 페이스북, 트위터 같은 SNS(소셜네트워크서비스) 그리고 유튜브 등이 활성화되면서 개인적이면서도 개방된 미디어 환경이 새롭게 마련되었다. 1인 미디어는 정보의 활발한 공유를 가능하게 했다는 점에서 긍정적인 면이 있는 반면에 저작권 문제, 자극적인 내용 등과 같은 유해 콘텐츠로 인하여 사회문제를 일으키고 있다.

1인 미디어의 장점으로는 첫째, 자신만의 공간을 만들 수 있다는 것이다. 누구나 미디어의 주인공이 될 수 있기에 특별한 기술을 배우지 않아도 이 공간에서 나만의 이야기를 제작할 수 있다. 자신의 일상에 대한 디지털 일기장부터 평소 관심 있던 음식, 음악, 여행 등 자신의 관심거리를 공유하면서 나만의 공간을 다채롭게 꾸밀 수 있다.

둘째, 많은 사람들과 자유롭게 소통할 수 있다. 가족이나 친구뿐 아니라 전 세계에 있는 다양한 사람들과 정보를 주고받으며 소통할 수 있다. 예를 들면 블로그나 SNS 등에서는 댓글이나 쪽지를 통해 다른 사람과 의견을 나누고 인터넷 1인 방송의 경우는 시청자와 채팅 등을 통해 소통한다.

셋째, 정보의 확장성과 전파력이다. 특히 인플루언서들의 영향력은 매우 크다. 사회적 이슈를 실시간으로 전하고 파급력도 크다 보니 저널리즘의 발전으로도 보고 있다. 예를 들면 인플루언서들의 선행이 사회에 긍정적인 메시지를 전달할 뿐만 아니라 일반인들도 선행에 동참하게 하는 원동력이 되고 있다.

1인 미디어의 단점으로는 첫째, 가짜 뉴스의 확산이다. 일부 1인 방송인들은 근거 없는 정보나 확인되지 않은 정보를 그대로 방송된다. 영상이나 사진 등을 자극적으로 편집하여 자기 주장이 사실인 것처럼 대중들을 속인다. 또한 한번 생산된 잘못된 정보는 빠르게 퍼져 나가기 때문에 다시 정정한다고 해도 바로잡는 데에 한계가 있다.

둘째, 개인정보나 개인이 만든 콘텐츠가 동의 없이 노출될 수 있다. 자신의 일상을 기록하기 위해 만든 콘텐츠 등이 의도치 않게 공개되는 경우가 있다. 또한 1인 미디어에 노출된 개인의 정보를 악용해서 범죄에 이용하는 사례도 적지 않다. 예를 들면 SNS에 올린 사진 등이 동의 없이 음란물에 이용되거나 노출된 개인정보가 보이스 피싱 등의 범죄 대상이 되기도 한다.

    셋째, 자극적인 콘텐츠의 생산과 유통이 자유롭다. 1인 미디어는 성인 인증 절차 없이 누구나 쉽게 만들 수 있고 볼 수 있다. 예를 들면 선정적이고 폭력적인 영상이 연령에 상관없이 노출되어 미성년자 보호에는 미흡하다. 유튜브의 경우 10대 청소년의 이용률이 높아 이러한 콘텐츠를 여과 없이 받아들일까 우려된다.

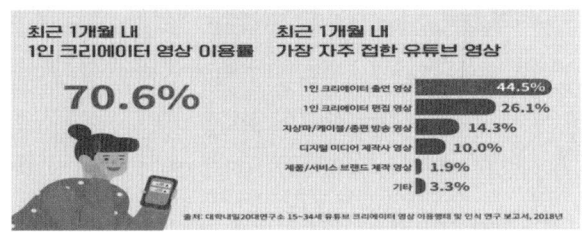

    우리는 미디어를 통해 뉴스를 보고, 일상을 공유하며 다른 사람들과 소통한다. 누구나 미디어를 만들고 소비할 수 있는 지금, 넘쳐나는 정보의 홍수 속에서 진짜와 가짜를 구분할 수 있어야 한다. 비판적인 태도로 미디어를 수용하고 생산한다면 더 효과적으로 1인 미디어 시대에서 살아갈 수 있다고 생각한다.

STEP 2 내용 정리하기

각 문단의 내용을 요약해 보십시오.

1인 미디어의 장점	1인 미디어의 단점

STEP 3 내용 확인하기

1. 밑줄 친 ㉠의 의미가 같은 것 고르십시오.

    ① 1인 미디어가 많이 만들어지고 있다.
    ② 1인 미디어의 새로운 길이 시작되었다.
    ③ 1인 미디어 시대로 빠르게 바뀌고 있다.
    ④ 1인 미디어 시대가 전파를 통해 만들어진다.

2. 밑줄 친 단어와 반의 관계가 아닌 것을 고르십시오.

    ① 유해 - 유익
    ② 소통 - 불통
    ③ 긍정적 - 부정적
    ④ 선행 - 불행

3. 이 글의 내용과 다른 것을 고르십시오.

    ① 1인 미디어를 사용하는 방법은 어렵다.
    ② 1인 미디어는 디지털 일기장의 역할도 하고 있다.
    ③ 1인 미디어의 장점은 정보에 쉽게 접근할 수 있다.
    ④ 1인 미디어는 콘텐츠 때문에 문제가 되는 경우가 있다.

4. 이 글의 중심 생각으로 알맞은 것을 고르십시오.

    ① 1인 미디어는 유해 콘텐츠를 만들어 사회문제를 일으키고 있다.
    ② 1인 미디어 시대에는 정보를 생산하고 수용할 때 비판적인 태도가 필요하다.
    ③ 1인 미디어를 통해 노출된 개인 정보가 범죄의 대상이 되므로 조심해야 한다.
    ④ 1인 미디어는 자기를 표현할 수 있는 자유로운 소통의 공간이 되어야 한다.

● 쓰기

STEP 1 글감 찾기

— 다음을 주제로 하여 자신의 생각을 600~700자로 글을 쓰시오. 단, 문제를 그대로 옮겨 쓰지 마시오.

　인터넷이 발달하면서 누구나 SNS를 통해 소통한 경험이 있을 것이다. 그러나 SNS는 모르는 사람과도 쉽게 대화할 수 있는 반면에 모르는 사람에게 나의 정보가 쉽게 노출되기도 한다. 'SNS를 효과적으로 활용하는 방법'에 대해 자신의 생각을 쓰라.

- SNS의 장점은 무엇인가?
- SNS의 단점은 무엇인가?
- SNS를 효과적으로 활용하는 방법은 무엇인가?

STEP 2 내용 만들기

– 질문을 읽고 표를 완성하십시오.

서론	SNS가 발달한 계기는 무엇입니까?
본론	SNS의 장점은 무엇입니까? SNS의 단점은 무엇입니까?
결론	SNS를 효과적으로 활용하는 방법은 무엇입니까?

 글 완성하기

만든 내용을 바탕으로 SNS를 효과적으로 활용하는 방법에 대한 자신의 생각을 써 보십시오.

11 외국인 건강보험

| 학습목표 | 1. 주장과 근거를 파악하며 글을 읽을 수 있다.
2. 주장하는 글을 쓸 수 있다. |

● 준비하기

1. 한국에서 병원에 가 본 적이 있어요?
2. 여러분은 건강보험에 가입했어요?

어휘

STEP 1 어휘 배우기

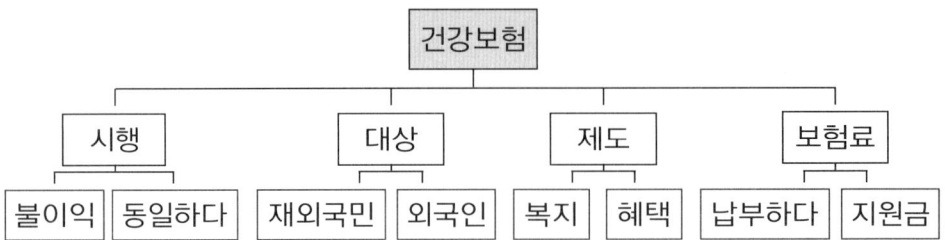

STEP 2 알맞은 어휘 찾아 넣기

1. 2019년 7월 16일부터 건강보험 당연가입이 (   ).
2. 전화요금 (   )(으)로 전화가 끊겼다.
3. 건강보험은 한국의 대표적인 (   )이다.
4. 공과금을 기한 내에 (   ) 않으면 연체료를 내야 한다.
5. 한국에 (   ) 있는 외국인이라면 누구나 사회통합프로그램에 참가할 수 있다.

STEP 3 학습한 어휘를 확인하며 읽어 보기

    한국에서 6개월 이상 체류한 외국인·재외국민의 건강보험 당연가입이 2019년 7월 16일부터 시행됐다. 한국에서 6개월 이상 체류하면 자동으로 건강보험에 가입되고 한국인과 동일한 건강보험 혜택을 받을 수 있다. 건강보험 혜택은 굉장히 넓고 다양하다. 일반적으로 우리가 아는 거의 모든 질병에 대한 치료비를 지원한다. 이 건강보험료는 월 113,050원으로 한국 국민들이 납부하는 평균금액이다. 보험료 체납 시 비자 연장을 신청할 때 체류 허가 제한 등 불이익을 받게 된다.

문법과 표현

1. N을/를 비롯하다

1) 이번 회의에는 베트남을 비롯한 10개국 대표들이 참석했다.
2) 내일 공주를 비롯해서 충남에 많은 비가 내릴 것이라고 한다.
3) 지난 주말에 선생님을 비롯해서 모든 학생들이 자원봉사를 했다.

✔ 다음의 내용을 읽고 위의 문형을 이용하여 문장을 만들어 보십시오.

〈공주대학교 유학생 음식 축제〉

공주대학교에서 열리는 유학생 음식 축제에 오세요.
학생들이 직접 요리한 음식을 먹어 볼 수 있습니다.

베트남 : 쌀국수, 분짜, 짜조, 월남쌈, 반쎄오
중　국 : 마라탕, 훠궈, 꿔바로우, 쟈오쯔, 위에빙
일　본 : 초밥, 라멘, 오코노미야키, 타코야키

1) _____.
2) _____.
3) _____.
4) _____.

**2. A-다 하더라도,
V-ㄴ/는다 하더라도**

1) 수지가 사과한다 하더라도 나는 용서할 생각이 없다.
2) 내일 날씨가 춥다 하더라도 운동하러 체육관에 갈 것이다.
3) 그 책을 읽는다 하더라도 너무 어려워서 이해하기 힘들 것이다.

✔ 밑줄에 알맞은 말을 쓰십시오.
1) 가 : 이 일을 오늘 끝낼 수 있을까요?
　　나 : _____ 오늘 끝낼 수는 없어요.

2) 가 : 교실에서 음식을 먹어도 돼요?
　　나 : _____ 교실에서는 음식을 먹으면 안 돼요.
3) 가 : 손님이 없는데 가게 문 안 닫아요?
　　나 : _____ 계속 영업해야지요.
4) 가 : 유학 생활이 너무 힘들어서 고향으로 돌아가고 싶어요.
　　나 : _____ 포기하지 마세요.
5) 가 : 요즘 바빠서 부모님께 연락을 못 드렸어요.
　　나 : _____ 자주 연락드리세요.

3. 만일(만약에) A/V-ㄴ/는다면

1) 만약에 제품에 문제가 있다면 교환해 드리겠습니다.
2) 만약에 토픽 3급에 합격을 못 한다면 부모님이 실망하실 것이다.
3) 만약에 친한 친구가 나에게 거짓말을 한다면 다시는 안 만날 거예요.

✓ 밑줄에 알맞은 말을 쓰십시오.

1) 가 : 만약에 화장실에 휴지가 없다면?
　　나 : _____.
2) 가 : 만약에 휴대폰이 없다면?
　　나 : _____.
3) 가 : 만약에 내일 지구가 멸망한다면?
　　나 : _____.
4) 가 : 만약에 누군가 나에게 고백한다면?
　　나 : _____.
5) 가 : 만약에 밤에 누가 나를 따라온다면?
　　나 : _____.

4. 아무리 A/V-아/어도, 아무리 N(이)라도

1) 아무리 먹어도 배가 고프다.
2) 아무리 부모님이라도 자녀를 때리면 안 된다.
3) 아무리 돈이 많아도 건강하지 않으면 무슨 소용이 있겠는가?

✓ 밑줄에 알맞은 말을 쓰십시오.

1) 가 : 그 문제 답을 알겠어요?
   나 : _____.(생각하다, 모르겠다)

2) 가 : 요즘 왜 매일 지각해요?
   나 : _____. (알람을 맞추다, 못 듣다)

3) 가 : 감기 다 나았어요?
   나 : _____.(약을 먹다, 안 낫다)

4) 가 : 이 책은 너무 비싸네요.
   나 : _____.(비싸다, 사다)

5) 가 : 건강보험료를 꼭 내야 해요?
   나 : _____.(내기 싫다, 내다)

 읽기

STEP 1 읽어 보기

다음을 읽고 물음에 답하십시오.

2019년 7월 16일부터 외국인 건강보험 당연가입이 시행되면서 보험료를 내야 한다는 의견과 낼 수 없다는 의견이 대립하고 있다. 이 제도는 국내에 6개월 이상 체류하는 외국인과 재외동포의 경우 반드시 건강보험에 가입해야 한다고 규정하고 있다. 보험료는 113,050원 정도로 한국인이 ㉠내는 평균 금액이다. 보험료를 내지 않으면 건강보험 보장이 사라지고 법무부 출입국·외국인 관서에 비자 연장을 신청할 때 체류 허가 제한 등을 받게 된다.

보험료를 내야 한다는 사람들은 다음과 같은 이유를 들어 찬성하고 있다.

첫째, 한국인과 같은 보험 혜택을 받기 위해서는 한국인과 같은 수준의 보험료를 납부하는 것이 당연하다. 건강보험 제도는 한국 정부에서 국민들을 위해 많은 노력과 세금을 투자해서 만든 제도이다. 한국인이라면 누구나 가입을 해야 하고, 자신의 소득에 따라 건강보험료를 내고 있다. 따라서 한국인과 같은 건강보험 혜택을 받으려면 한국인들이 내는 돈의 평균 금액 정도는 내야 한다.

둘째, 건강보험 제도를 악용하는 사람들로 인한 세금 손실을 막을 수 있다. 건강보험에 가입하면 보장 받을 수 있는 혜택이 많기 때문에 일시적으로 보험에 가입했다가 치료한 후에 해지하는 사례가 많았다. 어떤 외국인은 3년 동안 260만원의 보험료로 4억 원의 진료를 받고 보험을 해지한 사례가 있었다. 이런 소식이 알려질 때마다 한국 사람들의 불만이 커졌다. 이런 악용을 막기 위해 의무가입 제도를 시행한 것이다.

셋째, 건강보험은 외국인과 재외동포들의 건강을 지키기 위한 제도이다. 살면서 누구나 다치고 아플 수 있다. 만약 보험이 없다면 경제적으로 큰 부담이 될 것이다. 일반적인 외상이나 ㉡감기를 비롯하여 암 같은 큰 병들도 지원 대상이다. 지원 비율도 상당히 좋아 진료비와 약값의 10~20%만 내면 된다. 실례로 아래 병원 영수증을 보면 이 사람은 암에

걸려 진료를 받았다. 원래 진료비는 355만 원 정도가 나왔지만 실제 환자가 낸 돈은 45만 원에 불과하다. 이렇게 건강보험은 거의 모든 질병에 대해 보장을 해준다.

금액 신청 내용	
의료비 총액	3,551,648
환자부담총액	445,310
납부할 금액	445,310

금액 신청 내용	
의료비 총액	408,730
환자부담총액	20,400
납부할 금액	20,400

한국 사회는 돈 걱정 없이 건강을 지킬 수 있는 삶에 큰 가치를 두고 있다. 이러한 제도를 개선하기 위해 한국정부와 국민들은 계속적인 노력을 기울이고 있다. 건강보험은 한국인뿐만 아니라 외국인, 재외동포들까지도 건강한 삶을 살 수 있도록 보장하는 제도이다. 그렇기 때문에 이러한 혜택을 받을 외국인들도 보험료를 납부해야 한다.

이에 반해 건강보험 당연가입 제도에 문제점이 많다는 이유로 반대하는 사람들도 있다. 반대의견으로는 다음과 같은 것들이 있다.

첫째, 모든 외국인이 동일한 보험료를 내는 것은 불합리하다. 한국인들이 내는 건강보험료는 소득과 재산을 기준으로 세밀하게 책정된다. 그러나 외국인들의 경우 소득 및 재산 파악이 어렵다는 이유로 한국인들이 내는 보험료의 평균 금액인 113,050원으로 책정되었다. 이 금액은 가장 적게 내는 한국인의 8배에 달한다. 이는 유학생을 비롯하여 소득이 없는 외국인에게는 부담이 되는 금액이다.

둘째, 보험료 체납 시 불이익이 크다. 예를 들어 건강보험료는 기존 유학생이 가입한 보험에 비해 6배 이상 비싸다. 학생이 부담하기에는 큰 금액이다. 돈이 없거나 고지서를 받지 못해 부득이하게 보험료를 체납하게 된다 하더라도 비자연장이 어렵고 재산 압류 등의 불이익이 따른다. 이런 과정에서 불법체류자가 생길 수 있기 때문에 보다 면밀한 검토가 필요하다.

셋째, 제도적으로 미흡한 부분이 있다. 예를 들어 유학생 보험의 경우 단체 가입으로 개인 계좌 개설 없이 납부가 가능하기 때문에 편하다. 그러나 건강보험은 개인이 직접 납부해야 하기 때문에 계좌 개설을 하거나 매달 은행에 방문해 납부를 해야 하는 불편함이 있다. 특히 에티오피아나 이란같이 계좌를 만들 수 없는 국가에서 온 유학생들은 더 불편할 수밖에 없다.

이렇게 건강보험 외국인 당연가입 제도는 여러 가지 문제점을 가지고 있다. 외국인도 돈 걱정 없이 건강한 삶을 누리고 싶다. 아무리 좋은 제도라도 현 제도를 시행하기 위해서는 소득과 재산에 따른 보험료 책정과 보험료 체납에 따른 불이익이 없도록 제도적 보완이 필요하다.

STEP 2 내용 정리하기

위의 글을 읽고 찬성하는 입장과 반대하는 입장을 정리해 보십시오.

	주장	근거
찬성		
반대		

STEP 3 내용 확인하기

1. 이 글의 제목으로 적절한 것을 고르십시오.

   ① 건강보험에 가입해야 하는가?
   ② 건강보험료 이대로 괜찮은가?
   ③ 건강보험은 무엇을 보장하는가?
   ④ 건강보험료를 내야 하는 이유는 무엇인가?

2. ㉠과 같은 의미의 단어를 윗글에서 찾아 쓰십시오.

   (   )

3. ㉡과 비슷한 표현을 고르십시오.

   ① 감기를 예방하고
   ② 감기를 조심하여
   ③ 감기를 제외하고
   ④ 감기를 포함하여

4. 건강보험 당연가입에 대한 반대 의견으로 맞지 않는 것을 고르십시오.

   ① 보험료 책정이 합리적이다.
   ② 개인적으로 납부해야 하는 불편함이 있다.
   ③ 보험료는 소득이 없는 외국인에게 고액이다.
   ④ 보험료를 내지 않는 경우 비자 연장이 어렵다.

5. 건강보험에 대한 내용으로 맞으면 O, 틀리면 X를 하십시오.

   ① 암과 같은 큰 병은 보장되지 않는다.   (   )
   ② 돈이 없어서 못 낼 경우 불이익이 없다.   (   )
   ③ 건강보험은 한국인과 동일한 혜택을 받는다.   (   )
   ④ 건강보험에 가입하려면 신청서를 제출해야 한다.   (   )
   ⑤ 건강보험에 가입하면 진료비의 80~90%는 보장받을 수 있다. (   )

쓰기

STEP 1 글감 찾기

– 다음을 주제로 하여 자신의 생각을 600~700자로 글을 쓰시오. 단, 문제를 그대로 옮겨 쓰지 마시오.

    2019년 7월 16일부터 외국인 건강보험 당연가입이 시행되면서 보험료를 내야 한다는 의견과 낼 수 없다는 의견이 대립하고 있다. 이 제도는 국내에 6개월 이상 체류하는 외국인과 재외동포의 경우 반드시 건강보험에 가입해야 한다고 규정하고 있다. '외국인 건강보험 당연 가입'에 대한 자신의 생각을 쓰라.

- 건강보험 가입에 대해 어떻게 생각하는가?
- 그렇게 생각하는 이유는 무엇인가?
- 이 제도에서 개선되어야 할 부분은 무엇이라고 생각하는가?

STEP 2 내용 만들기

– 질문을 읽고 표를 완성하십시오.

서론	건강보험 가입에 대해 대립하고 있는 이유는 무엇입니까? 건강보험 가입에 대한 자신의 생각은 무엇입니까?
본론	그렇게 생각하는 이유는 무엇입니까?(2~3개)
결론	이 제도에서 개선되어야 할 부분은 무엇입니까?

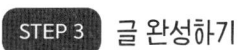 **글 완성하기**

만든 내용을 바탕으로 위 내용을 바탕으로 외국인 건강보험 당연 가입에 대한 자신의 생각을 써 보십시오.

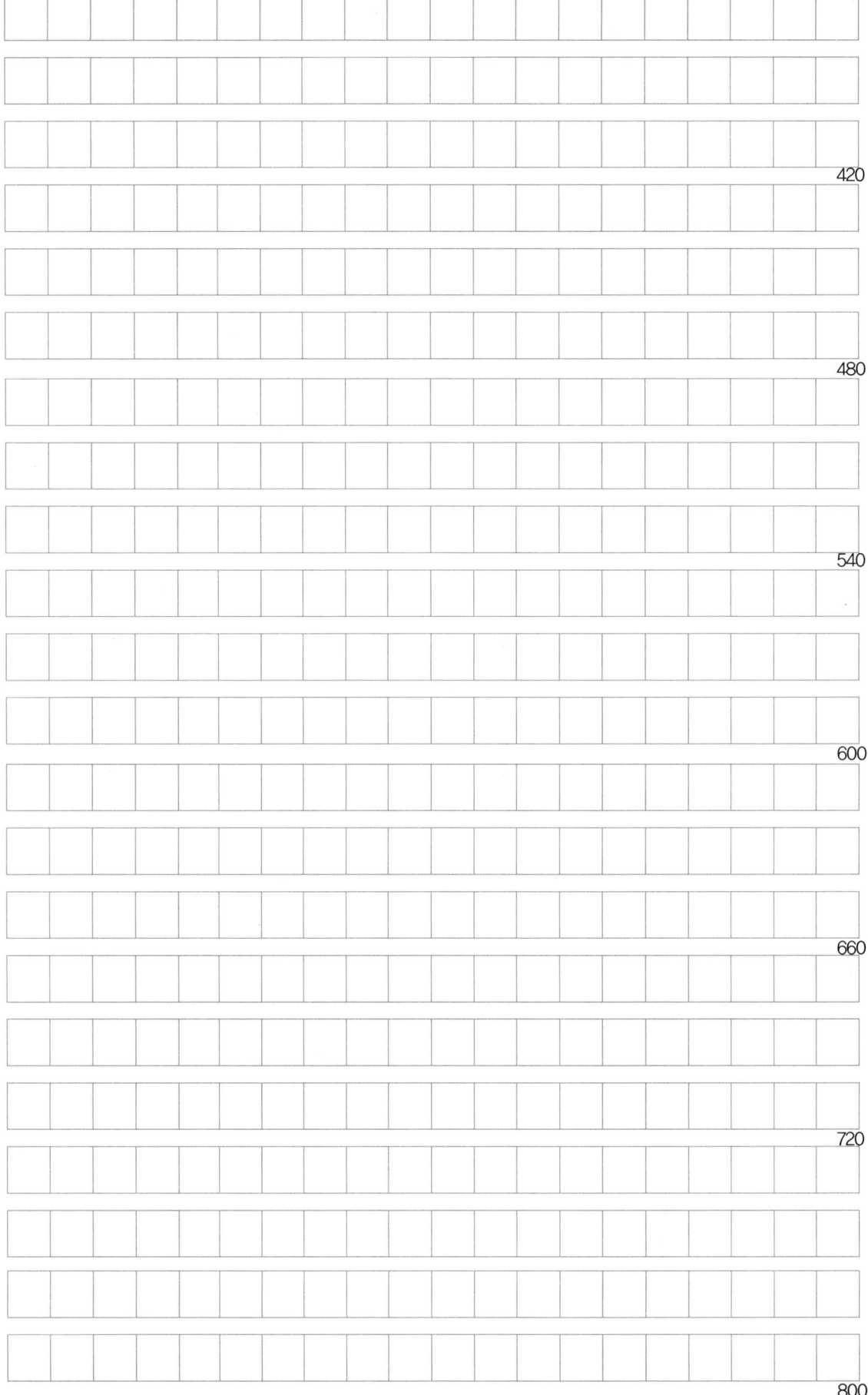

12 학생 복지

학습목표 1. 필요한 정보를 선택하여 읽을 수 있다.
　　　　　2. 제안하는 글을 쓸 수 있다.

◉ 준비하기

1. 대학 생활을 하면서 어려운 일을 겪었던 적이 있어요?
2. 어려운 일이 생겼을 때 어떻게 했어요?

어휘

STEP 1 어휘 배우기

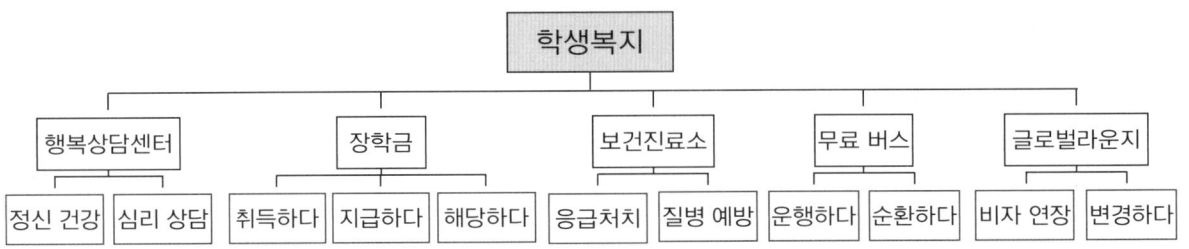

STEP 2 알맞은 어휘 찾아 넣기

1. 오늘 부산행 열차는 (   ) 않습니다.
2. 백제의 수도였던 공주시는 충청남도에 (   ).
3. 프로그램에 참여한 유학생들에게 선물을 (   ).
4. 한국어능력시험 4급 이상을 (   ) 장학금을 받을 수 있다.
5. 공주대학교는 공주, 예산, 천안캠퍼스를 (   ) 무료 버스가 있다.

STEP 3 학습한 어휘를 확인하며 읽어 보기

외국인 장학금	외국인 (신·편입생)	• 외국인(입학본부에서 주관하는 외국인 전형에 지원한 학생에 한함)	• 입학금, 수업료1 전액 (한국어능력시험(TOPIK) 4급 이상자는 수업료2 반액 추가)	• 수혜대상 참조
	외국인 (재학생)	• 위와 같음	• 수업료1	• 직전학기 평점평균 3.0 이상 • 건강보험 가입 의무
성취도 장학금	외국인	• 한국어능력시험(TOPIK)	• 수업료2 반액	• 대학 입학 후 재학 중에 취득한 성적으로 대학에서 정한 일정한 자격 취득 시 장학금 1회 지급 • 건강보험 가입 의무
글로벌 리더 장학금	외국인	• 대외협력본부의 글로벌리더 장학 사업에 따라 별도 선발	• 8개 학기 등록금 전액 면제 • 면학지원금은 최초 6개월간 월 30만원씩 지원 • 생활관비 지원(8개 학기)	• 외국인은 직전학기 평점평균 2.7이상, 입학 후 1년내 TOPIK 4급 이상 취득

문법과 표현

1. V-다 보면

1) 상담을 받다 보면 마음이 편해질 것이다.
2) 돈을 모으다 보면 언젠가는 부자가 될 것이다.
3) 운동을 하다 보면 몸도 마음도 건강해질 것이다.

✓ 밑줄에 알맞은 말을 쓰십시오.

1) 가 : 유학 생활이 처음이라서 걱정이에요.
   나 : _____.
2) 가 : 운전이 서툴러요.
   나 : _____.
3) 가 : 교수님의 사투리를 못 알아듣겠어요.
   나 : _____.
4) 가 : 여자/남자를 잘 모르겠어요.
   나 : _____.
5) 가 : 며칠째 화장실을 못 갔어요.
   나 : _____.

2. A/V-기/게 마련이다

1) 굶으면 살이 빠지게 마련이다.
2) 사람은 언젠가 죽기 마련이다.
3) 누구나 어려운 일이 생기기 마련이다.

✓ 밑줄에 알맞은 말을 쓰십시오.

1) 가 : 실수를 많이 해서 사장님께 혼이 났어요.
   나 : 처음 일을 하다 보면 _____.
2) 가 : 한국 생활을 오래 해서 한자를 어떻게 쓰는지 기억이 안나요.
   나 : 외국 생활을 오래 하다 보면 _____.
3) 가 : 다른 곳에 비해 학교 주변 집값이 비싸더라고요.
   나 : 학교와 가까우면 _____.

4) 가 : 어제 밤늦게 커피를 마셔서 그런지 잠이 안 오더라고요.
   나 : _____.
5) 가 : 요즘 날씨가 너무 춥지 않아요?
   나 : _____.

3. A/V-(으)ㄹ 지라도, N일지라도

1) 속상할지라도 과음하지 마세요.
2) 아무리 친구일지라도 선을 넘으면 안 된다.
3) 비록 몸은 떨어져 있을지라도 마음만은 항상 함께 있다.

✓ 문장을 완성하십시오.
1) _____ 사랑하는 마음은 변하지 않을 거예요.
2) _____ 포기하지 않겠어요.
3) _____ 기다려 주세요.
4) _____ 고향에 돌아갈 거예요.
5) _____ 모든 것을 용서할 수는 없다.

4. A/V-아/어야, N이어야/여야

1) 날씨가 따뜻해야 꽃이 핀다.
2) 빨리 출발해야 기차를 탈 수 있다.
3) 음식이 맵지 않아야 아이들이 먹을 수 있다.

✓ 밑줄에 알맞은 말을 쓰십시오.
1) 가 : 아무나 도서관에 들어갈 수 있어요?
   나 : _____.
2) 가 : 해외여행을 갈 때 반드시 필요한 게 뭐예요?
   나 : _____.
3) 가 : 공주대학교에 입학하려면 어떤 자격이 필요해요?
   나 : _____.
4) 가 : 잘 못 먹어서 그런지 기운이 없어요.
   나 : _____.
5) 가 : 퇴근 안 해요?
   나 : _____.

읽기

 읽어 보기

다음을 읽고 물음에 답하십시오.

대학 생활을 하면서 어려운 점은 없으신가요? 국립공주대학교에서는 장학금, 무료 버스, 글로벌라운지, 보건진료소, 행복상담센터 등 학생들을 위한 복지 제도를 운영하고 있습니다. 유학생들도 이런 복지를 알고 활용하면 대학생활에 도움을 받을 수 있습니다.

먼저, 장학금 제도입니다. 외국인 유학생이 받을 수 있는 장학금에는 신·편입생을 위한 장학금과 재학생을 위한 장학금으로 나뉘어져 있습니다. 신·편입생은 수업료의 일부를 장학금으로 받을 수 있고 또한 한국어능력시험(TOPIK) 4급 이상을 ㉠취득하면 수업료의 50%를 지급 받습니다. 재학생은 3.0 이상의 학점을 취득하면 매학기 수업료 일부를 계속 장학금으로 받을 수 있습니다. 입학 후 1년 이내에 토픽 4급 이상을 취득할 시에는 자격 취득일을 기준으로 장학금을 받을 수 있습니다. 단 건강보험에 가입해야 장학금 혜택을 받을 수 있습니다.

다음으로 학생 편의를 위해 운행하는 무료 버스입니다. 신관캠퍼스와 예산캠퍼스, 신관캠퍼스와 천안캠퍼스를 순환하는 버스가 있으며, 천안, 세종 등 학교 주변 지역에서 등하교를 위한 버스도 있습니다. 버스를 이용하기 위해서는 학생증을 갖고 있어야 합니다.

운행지역 및 시간표

공주캠퍼스(등교)	천안캠퍼스(등교)	순환버스 시간표 보기
유성 → 공주 시간표 보기	대전 → 천안 시간표 보기	공주(신관) ↔ 천안 [캠퍼스 순환]
청주 → 공주 시간표 보기		예산캠퍼스 순환 [대학 ↔ 신창역 순환]
천안 → 공주 시간표 보기		공주(신관) ↔ 예산캠퍼스 [캠퍼스 순환]

무료 등교버스 이용방법 및 업체 안내

무료승차이므로 반드시 학생증, 모바일 학생증 소지자 한하여 탑승가능

마지막으로 학교에는 학생들이 이용할 수 있는 세 가지 시설이 있습니다. 첫 번째는 유학생들을 위해 운영되는 글로벌라운지입니다. 이곳에서는 비자 연장 및 변경 등을 비롯해서 유학 생활에 필요한 다양한 도움을 줍니다. 그뿐만이 아니라 공부를 하거나 쉴 수 있는 편의 시설이 마련되어 있습니다. 명절에 집에 가지 못 할지라도 걱정하지 마세요. 글로벌라운지에서 고향에 가지 못하는 유학생들이 모여 음식도 만들고 이야기도 나눌 수 있기 때문입니다. 두 번째는 보건진료소입니다. 보건진료소에 가면 자신의 건강 상태를 알 수 있고, 건강에 대해 상담도 받을 수 있습니다. 특히 몸이 아플 때에는 응급 처치도 받을 수 있습니다.

보건진료소

부서소개

보건진료소는 공주캠퍼스 웅비학생회관 1층에 위치하고, 천안캠퍼스 보건진료실은 학생회관 1층, 예산캠퍼스 보건진료실은 학생회관 2층에 위치하고 있다.
학생 및 교직원의 건강관리, 건강상담, 응급처치 등을 통해 질병을 예방하고 건강을 유지·증진하여 건강한 생활습관을 갖도록 도와줌으로써 대학교육의 효율화를 기하고자 한다.

관련업무

학생건강검진, 응급처치 및 투약, 정신건강상담, 정신건강 설문조사, 건강상담, 진료과목 안내, 체성분검사, 질병예방 안내, 성인병 관리, 대사증후군 관리, 건강증진캠페인, 단체의약품 지급, 금연 프로그램 운영 등

세 번째는 행복상담센터입니다. 행복상담센터에서는 학생들의 건강한 대학생활을 위해 상담서비스를 제공하고 있습니다. 유학생활을 하다 보면 외롭거나 마음이 아프기 마련입니다. 문제가 생겼을 때 상담을 통해 도움을 받을 수 있습니다. 그리고 심리 상담을 통해 자신의 현재 마음 상태도 확인할 수 있습니다. 만약 만나서 상담하기 부담스럽다면 홈페이지나 전화를 이용한 상담도 가능합니다.

☑ **행복상담센터**

학생심리상담소는 공주대 재학생들이 대학생활을 하면서 겪게 되는 다양한 문제들을 원만하게 해결하여 활기찬 대학생활을 영위하고, 심리적으로 건강하게 성장할 수 있도록 전문적인 도움을 주는 곳입니다. 구체적으로 대학생활적응, 성격, 대인관계, 이성문제, 학업·진로, 인터넷중독, 정서적 문제에 관한 상담 및 각종 심리검사와 집단상담을 운영하고 있습니다.

이외에도 학교 홈페이지에 들어가면 다른 복지 제도도 확인할 수 있습니다. 이러한 복지 제도가 여러분의 대학 생활에 도움이 되길 바랍니다.

STEP 2 내용 정리하기

공주대학교 복지 제도에는 어떤 것들이 있습니까? 복지 제도와 내용을 정리해 보십시오.

STEP 3 내용 확인하기

1. 밑줄 친 ㉠과 의미가 비슷한 것을 고르십시오.

    ① 받다
    ② 내다
    ③ 예상하다
    ④ 확인하다

2. 장학금 제도에 대한 설명으로 맞는 것을 고르십시오.

    ① 한국어능력시험(TOPIK) 4급을 취득하면 전액 장학금을 받을 수 있다.
    ② 외국인이면 누구나 장학금 혜택을 받을 수 있다.
    ③ 재학생은 학점이 3.0 이상이면 수업료의 절반을 지급 받는다.
    ④ 건강보험에 가입해야 장학금을 받을 수 있는 기회가 있다.

3. 복지 시설이 아닌 것을 고르십시오.

    ① 행복상담센터
    ② 무료 버스
    ③ 보건진료소
    ④ 글로벌라운지

4. 이 글의 내용과 다른 것을 고르십시오.

    ① 다치면 보건진료소에서 치료를 받을 수 있다.
    ② 무료 버스는 외국인 학생만을 위해 운행된다.
    ③ 글로벌라운지에서 비자 연장에 대한 안내를 받을 수 있다.
    ④ 학생들을 위한 편의 시설은 홈페이지에서 확인할 수 있다.

쓰기

STEP 1 글감 찾기

− 다음을 주제로 하여 자신의 생각을 600~700자로 글을 쓰시오. 단, 문제를 그대로 옮겨 쓰지 마시오.

 어떤 일을 더 좋은 쪽으로 해결하기 위하여 의견을 내는 것을 제안이라고 한다. 공주대학교에 입학한 후에 불편함을 느꼈던 적이 있는가? 개선되어야 할 것이나 필요한 것에 대해 생각해 보고 공주대학교에 제안할 점을 쓰라.

- 무엇을 제안하고 싶은가?
- 왜 문제라고 생각하는가?
- 그렇게 바뀌면 좋은 점이 무엇인가?

STEP 2 내용 만들기

− 질문을 읽고 표를 완성하십시오.

서론	학교생활을 하면서 불편했던 것은 무엇입니까?
본론	그것이 문제인 이유는 무엇입니까? 어떻게 바뀌면 좋겠습니까?
결론	그렇게 바뀌면 좋은 점은 무엇입니까?

STEP 3 글 완성하기

만든 내용을 바탕으로 공주대학교에 제안하는 글을 써 보십시오.

13 첫사랑의 설렘 - 소나기

학습목표
1. 공감하며 글을 읽을 수 있다.
2. 문학 작품을 읽고 감상을 표현할 수 있다.

◐ 준비하기

1. 여러분 나라에서 유명한 문학 작품은 뭐예요?
2. 한국어로 된 시나 소설을 읽어 본 적이 있어요?

그림을 보고 내용 추측하기

읽기

STEP 1 읽어 보기

황순원의 「소나기」를 읽고 물음에 답하십시오.

소년은 개울가에서 소녀를 보자 곧 윤 초시네 증손녀라는 걸 알 수 있었다. 소녀는 개울에다 손을 잠그고 물장난을 하고 있는 것이다. 서울서는 이런 개울물을 보지 못하기나 한 듯이.	개울가 증손녀
벌써 며칠째 소녀는 학교에서 돌아오는 길에 물장난이었다. 그런데 어제까지는 개울 기슭에서 하더니, 오늘은 징검다리 한가운데 앉아서 하고 있다.	기슭 징검다리 개울둑 요행
소년은 개울둑에 앉아 버렸다. 소녀가 비키기를 기다리자는 것이다. 요행 지나가는 사람이 있어, 소녀가 길을 비켜 주었다.	
다음 날은 좀 늦게 개울가로 나왔다.	
이날은 소녀가 징검다리 한가운데 앉아 세수를 하고 있었다. 분홍 스웨터 소매를 걷어 올린 팔과 목덜미가 마냥 희었다.	걷어 올리다 목덜미 마냥 빤히 들여다 보다 비추다 움켜 내다 날쌔게 번번이 허탕 조약돌 벌떡
한참 세수를 하고 나더니, 이번에는 물속을 빤히 들여다본다. 얼굴이라도 비추어 보는 것이리라. 갑자기 물을 움켜 낸다. 고기 새끼라도 지나가는 듯.	
소녀는 소년이 개울둑에 앉아 있는 걸 아는지 모르는지 그냥 날쌔게 물만 움켜 낸다. 그러나 번번이 허탕이다. 그대로 재미있는 양, 자꾸 물만 움킨다. 어제처럼 개울을 건너는 사람이 있어야 길을 비킬 모양이다.	
그러다가 소녀가 물속에서 무엇을 하나 집어낸다. 하얀 조약돌이었다. 그러고는 벌떡 일어나 팔짝팔짝 징검다리를 뛰어 건너간다.	팔짝팔짝 홱 돌아서다
다 건너가더니만 홱 이리로 돌아서며, "이 바보."	
조약돌이 날아왔다.	

소년은 저도 모르게 벌떡 일어섰다.

단발머리를 나풀거리며 소녀가 막 달린다. 갈밭 사잇길로 들어섰다. 뒤에는 청량한 가을 햇살 아래 빛나는 갈꽃뿐.

이제 저쯤 갈밭머리로 소녀가 나타나리라. 꽤 오랜 시간이 지났다고 생각했다. 그런데도 소녀는 나타나지 않는다. 발돋움을 했다. 그러고도 상당한 시간이 지났다고 생각됐다.

저쪽 갈밭머리에 갈꽃이 한 옴큼 움직였다. 소녀가 갈꽃을 안고 있었다. 그리고 이제는 천천한 걸음이었다. 유난히 맑은 가을 햇살이 소녀의 갈꽃머리에서 반짝거렸다. 소녀 아닌 갈꽃이 들길을 걸어가는 것만 같았다.

소년은 이 갈꽃이 아주 뵈지 않게 되기까지 그대로 서 있었다. 문득, 소녀가 던진 조약돌을 내려다보았다. 물기가 걷혀 있었다. 소년은 조약돌을 집어 주머니에 넣었다.

다음 날부터 좀 더 늦게 개울가로 나왔다. 소녀의 그림자가 뵈지 않았다. 다행이었다.

그러나 이상한 일이었다. 소녀의 그림자가 뵈지 않는 날이 계속될수록 소년의 가슴 한구석에는 어딘가 허전함이 자리 잡는 것이었다. 주머니 속 조약돌을 주무르는 버릇이 생겼다.

그러한 어떤 날, 소년은 전에 소녀가 앉아 물장난을 하던 징검다리 한가운데에 앉아 보았다. 물속에 손을 잠갔다. 세수를 하였다. 물속을 들여다 보았다. 검게 탄 얼굴이 그대로 비치었다. 싫었다.

소년은 두 손으로 물속의 얼굴을 움키었다. 몇 번이고 움키었다. 그러다가 깜짝 놀라 일어나고 말았다. 소녀가 이리 건너오고 있지 않으냐.

'숨어서 내가 하는 일을 엿보고 있었구나.' 소년은 달리기 시작했다. 디딤돌을 헛디뎠다. 한 발이 물속에 빠졌다. 더 달렸다.

몸을 가릴 데가 있어 줬으면 좋겠다. 이쪽 길에는 갈밭도 없다. 메밀밭이다. 전에 없이 메밀꽃 내가 짜릿하게 코를 찌른다고 생각됐다. 미간이 아찔했다. 찝찔한 액체가 입술에 흘러들었다. 코피였다.

소년은 한 손으로 코피를 훔쳐 내면서 그냥 달렸다. 어디선가 '바보, 바보' 하는 소리가 자꾸만 뒤따라오는 것 같았다.

토요일이었다.

개울가에 이르니 며칠째 보이지 않던 소녀가 건너편 가에 앉아 물장난을 하고 있었다.

모르는 체 징검다리를 건너기 시작했다. 얼마 전에 소녀 앞에서 한 번 실수를 했을 뿐, 여태 큰길 가듯이 건너던 징검다리를 오늘은 조심스럽게 건넌다.

"얘."

못 들은 척했다. 둑 위로 올라섰다.

"얘, 이게 무슨 조개지?"

자기도 모르게 돌아섰다. 소녀의 맑고 검은 눈과 마주쳤다. 얼른 소녀의 손바닥으로 눈을 떨구었다.

"비단조개."

"이름도 참 곱다."

갈림길에 왔다. 여기서 소녀는 아래편으로 한 삼 마장쯤, 소년은 우대로 한 십 리 가까운 길을 가야 한다.

소녀가 걸음을 멈추며,

"너, 저 산 너머에 가 본 일 있니?"

벌 끝을 가리켰다.

"없다."

"우리, 가 보지 않으련? 시골 오니까 혼자서 심심해 못 견디겠다."

"저래 봬도 멀다."

"멀면 얼마나 멀기에? 서울 있을 땐 사뭇 먼 데까지 소풍 갔었다."

소녀의 눈이 금세 '바보, 바보.' 할 것만 같았다.

논 사잇길로 들어섰다. 벼 가을걷이하는 곁을 지났다.

조개
떨구다
갈림길

벌

허수아비가 서 있었다. 소년이 새끼줄을 흔들었다. 참새가 몇 마리 날아간다. '참, 오늘은 일찍 집으로 돌아가, 텃논의 참새를 봐야 할 걸.' 하는 생각이 든다.
　"야, 재밌다!"
　소녀가 허수아비 줄을 잡더니 흔들어 댄다. 허수아비가 자꾸 우쭐거리며 춤을 춘다. 소녀의 왼쪽 볼에 살포시 보조개가 패었다.
　저만큼 허수아비가 또 서 있다. 소녀가 그리로 달려간다. 그 뒤를 소년도 달렸다. 오늘 같은 날은 일찍 집으로 돌아가 집안일을 도와야 한다는 생각을 잊어버리기라도 하려는 듯이.
　소녀의 곁을 스쳐 그냥 달린다. 메뚜기가 따끔따끔 얼굴에 와 부딪힌다. 쪽빛으로 한껏 갠 가을 하늘이 소년의 눈앞에서 맴을 돈다. 어지럽다. 저놈의 독수리, 저놈의 독수리, 저놈의 독수리가 맴을 돌고 있기 때문이다.
　돌아다보니, 소녀는 지금 자기가 지나쳐 온 허수아비를 흔들고 있다. 좀 전 허수아비보다 더 우쭐거린다.
　논이 끝난 곳에 도랑이 하나 있었다. 소녀가 먼저 뛰어 건넜다.
　거기서부터 산 밑까지는 밭이었다.
　수숫단을 세워 놓은 밭머리를 지났다.
　"저게 뭐니?"
　"원두막."
　"여기 참외 맛있니?"
　"그럼, 참외 맛도 좋지만 수박 맛은 더 좋다."
　"하나 먹어 봤으면."
　소년이 참외 그루에 심은 무밭으로 들어가 무 두 밑을 뽑아 왔다. 아직 밑이 덜 들어 있었다. 잎을 비틀어 팽개친 후, 소녀에게 한 개 건넨다. 그러고는 이렇게 먹어야 한다는 듯이 먼저 대강이를 한 입 베어 물어 낸 다음, 손톱으로 한 돌이 껍질을 벗겨 우쩍 깨문다.

허수아비
새끼줄
우쭐거리다
보조개
따끔따끔
살포시
맴돌다
어지럽다
도랑
수숫단
원두막

비틀다
팽개치다
베물다

소녀도 따라 했다. 그러나 세 입도 못 먹고,
　"아, 맵고 지려."
　하며 집어던지고 만다.
　"참, 맛없어 못 먹겠다."
　소년이 더 멀리 팽개쳐 버렸다.

　산이 가까워졌다.
　단풍잎이 눈에 따가웠다.
　"야아!"
　소녀가 산을 향해 달려갔다.
　이번은 소년이 뒤따라 달리지 않았다. 그러고도 곧 소녀보다 더 많은 꽃을 꺾었다.
　"이게 들국화, 이게 싸리꽃, 이게 도라지꽃, ……."
　"도라지꽃이 이렇게 예쁜 줄은 몰랐네. 난 보랏빛이 좋아! …… 그런데 이 양산같이 생긴 노란 꽃이 뭐지?"
　"마타리꽃."
　소녀는 마타리꽃을 양산 받듯이 해 보인다. 약간 상기된 얼굴에 살포시 보조개를 떠올리며.
　다시 소년은 꽃 한 옴큼을 꺾어 왔다. 싱싱한 꽃가지만 골라 소녀에게 건넨다.
　그러나 소녀는,
　"하나도 버리지 마라."
　산마루께로 올라갔다.
　맞은편 골짜기에 오순도순 초가집이 몇 모여 있었다.
　누가 말한 것도 아닌데 바위에 나란히 걸터앉았다. 유달리 주위가 조용해진 것 같았다. 따가운 가을 햇살만이 말라 가는 풀 냄새를 퍼뜨리고 있었다.

집어던지다

따갑다

상기되다

산마루
골짜기
오순도순
초가집
걸터앉다
유달리

"저건 또 무슨 꽃이지?"

적잖이 비탈진 곳에 칡덩굴이 엉키어 꽃을 달고 있었다.

"꼭 등꽃 같네. 서울 우리 학교에 큰 등나무가 있었단다. 저 꽃을 보니까 등나무 밑에서 놀던 동무들 생각이 난다."

소녀가 조용히 일어나 비탈진 곳으로 간다. 뒷걸음을 쳐 기어 내려간다. 꽃송이가 많이 달린 줄기를 잡고 끊기 시작한다. 좀처럼 끊어지지 않는다. 안간힘을 쓰다가 그만 미끄러지고 만다. 칡덩굴을 그러쥐었다.

소년이 놀라 달려갔다. 소녀가 손을 내밀었다. 손을 잡아 이끌어 올리며, 소년은 제가 꺾어다 줄 것을 잘못했다고 뉘우친다.

소녀의 오른쪽 무릎에 핏방울이 내맺혔다. 소년은 저도 모르게 생채기에 입술을 가져다 대고 빨기 시작했다. 그러다가 무슨 생각을 했는지 획 일어나 저쪽으로 달려간다.

좀 만에 숨이 차 돌아온 소년은,

"이걸 바르면 낫는다."

송진을 생채기에다 문질러 바르고는 그 달음으로 칡덩굴 있는 데로 내려가, 꽃 많이 달린 몇 줄기를 이빨로 끊어 가지고 올라온다. 그러고는,

"저기 송아지가 있다. 그리 가 보자."

누렁 송아지였다. 아직 코뚜레도 꿰지 않았다.

소년이 고삐를 바투 잡아 쥐고 등을 긁어 주는 척 훌쩍 올라탔다. 송아지가 껑충거리며 돌아간다.

소녀의 흰 얼굴이, 분홍 스웨터가, 남색 스커트가, 안고 있는 꽃과 함께 범벅이 된다. 모두가 하나의 큰 꽃묶음 같다. 어지럽다. 그러나 내리지 않으리라. 자랑스러웠다. 이것만은 소녀가 흉내 내지 못할, 자기 혼자만이 할 수 있는 일인 것이다.

"너희 예서 뭣들 하느냐?"

적잖이
비탈지다
엉키다
동무

안간힘
뉘우치다
핏방울
문지르다

달음

코뚜레
꿰다
고삐
바투 잡다
긁어 주다
훌쩍
껑충거리다
자랑스럽다

농부 하나가 억새풀 사이로 올라왔다.	농부 억새풀 꾸지람
송아지 등에서 뛰어내렸다. 어린 송아지를 타서 허리가 상하면 어쩌느냐고 꾸지람을 들을 것만 같다.	
그런데 나룻이 긴 농부는 소녀 편을 한 번 훑어보고는 그저 송아지 고삐를 풀어내면서,	
"어서들 집으로 가거라. 소나기가 올라."	
참 먹장구름 한 장이 머리 위에 와 있다. 갑자기 사면이 소란스러워진 것 같다. 바람이 우수수 소리를 내며 지나간다. 삽시간에 주위가 보랏빛으로 변했다.	먹장구름 소란스럽다 삽시간
산을 내려오는데 떡갈나무 잎에서 빗방울 듣는 소리가 난다. 굵은 빗방울이었다. 목덜미가 선뜩선뜩했다. 그러자 대번에 눈앞을 가로막는 빗줄기.	선뜩선뜩하다 대번에
비안개 속에 원두막이 보였다. 그리로 가 비를 그을 수밖에.	
그러나 원두막은 기둥이 기울고 지붕도 갈래갈래 찢어져 있었다. 그런대로 비가 덜 새는 곳을 가려 소녀를 들어서게 했다.	
소녀는 입술이 파아랗게 질렸다. 어깨를 자꾸 떨었다.	질리다 떨다 무명 겹저고리 잠자코
무명 겹저고리를 벗어 소녀의 어깨를 싸 주었다. 소녀는 비에 젖은 눈을 들어 한 번 쳐다보았을 뿐, 소년이 하는 대로 잠자코 있었다. 그러고는 안고 온 꽃묶음 속에서 가지가 꺾이고 꽃이 일그러진 송이를 골라 발밑에 버린다.	
소녀가 들어선 곳도 비가 새기 시작했다. 거기서 더 비를 그을 수 없었다.	
밖을 내다보던 소년이 무엇을 생각했는지 수수밭 쪽으로 달려간다. 세워 놓은 수숫단 속을 비집어 보더니, 옆의 수숫단을 날라다 덧세운다. 다시 속을 비집어 본다. 그러고는 이쪽을 향해 손짓을 한다.	비집어 보다

수숫단 속은 비는 안 새었다. 그저 어둡고 좁은 게 안됐다. 앞에 나앉은 소년은 그냥 비를 맞아야만 했다. 그런 소년의 어깨에서 김이 올랐다.

　소녀가 속삭이듯이, 이리 들어와 앉으라고 했다. 괜찮다고 했다. 소녀가 다시 들어와 앉으라고 했다. 할 수 없이 뒷걸음질을 쳤다. 그 바람에 소녀가 안고 있는 꽃묶음이 망그러졌다. 그러나 소녀는 상관없다고 생각했다.

　비에 젖은 소년의 몸 내음새가 확 코에 끼얹어졌다. 그러나 고개를 돌리지 않았다. 도리어 소년의 몸기운으로 해서 떨리던 몸이 적이 누그러지는 느낌이었다.

　소란하던 수숫잎 소리가 뚝 그쳤다. 밖이 멀개졌다.

　수숫단 속을 벗어 나왔다. 멀지 않은 앞쪽에 햇빛이 눈부시게 내리붓고 있었다.

　도랑 있는 곳까지 와 보니, 엄청나게 물이 불어 있었다. 빛마저 제법 붉은 흙탕물이었다. 뛰어 건널 수가 없었다.

　소년이 등을 돌려 댔다. 소녀가 순순히 업히었다. 걷어 올린 소년의 잠방이까지 물이 올라왔다. 소녀는 '어머나' 소리를 지르며 소년의 목을 끌어안았다.

　개울가에 다다르기 전에 가을 하늘은 언제 그랬는가 싶게 구름 한 점 없이 쪽빛으로 개어 있었다.

　그 뒤로는 소녀의 모습이 뵈지 않았다. 매일같이 개울가로 달려와 봐도 뵈지 않았다.

　학교에서 쉬는 시간에 운동장을 살피기도 했다. 남몰래 5학년 여자반을 엿보기도 했다. 그러나 뵈지 않았다.

　그날도 소년은 주머니 속 흰 조약돌만 만지작거리며 개울가로 나왔다. 그랬더니 이쪽 개울둑에 소녀가 앉아 있는 게 아닌가.

속삭이다
뒷걸음질
망그러지다

멀개지다
눈부시다

제법

순순히
업히다

다다르다
쪽빛
개다

만지작거리다

소년은 가슴부터 두근거렸다.

"그동안 앓았다."

어쩐지 소녀의 얼굴이 해쓱해져 있었다.

"그날 소나기 맞은 탓 아냐?"

소녀가 가만히 고개를 끄덕이었다.

"인제 다 났냐?"

"아직도……."

"그럼 누워 있어야지."

"하도 갑갑해서 나왔다. …… 참, 그날 재밌었다. …… 그런데 그날 어디서 이런 물이 들었는지 잘 지지 않는다."

소녀가 분홍 스웨터 앞자락을 내려다본다. 거기에 검붉은 진흙물 같은 게 들어 있었다.

소녀가 가만히 보조개를 떠올리며,

"그래 이게 무슨 물 같니?"

소년은 스웨터 앞자락만 바라다보고 있었다.

"내, 생각해 냈다. 그날 도랑을 건너면서 내가 업힌 일이 있지? 그때 네 등에서 옮은 물이다."

소년은 얼굴이 확 달아오름을 느꼈다.

갈림길에서 소녀는,

"저, 오늘 아침에 우리 집에서 대추를 땄다. 낼 제사 지내려고……."

대추 한 줌을 내준다. 소년은 주춤한다.

"맛봐라. 우리 증조할아버지가 심었다는데, 아주 달다."

소년은 두 손을 오그려 내밀며,

"참 알도 굵다!"

"그리고 저, 우리 이번에 제사 지내고 나서 집을 내주게 됐다."

소년은 소녀네가 이사해 오기 전에 벌써 어른들의 이야기를 들어서 윤 초시 손자가 서울서 사업에 실패해 가지고 고향에 돌아오지 않을 수 없

두근거리다	
앓다	
해쓱해지다	
갑갑하다	
앞자락	
달아오르다	
대추(알)	
제사	
주춤하다	
증조할아버지	
오그리다	

13 첫사랑의 설렘 - 소나기

게 됐다는 걸 알고 있었다. 그것이 이번에는 고향 집마저 남의 손에 넘기게 된 모양이었다.

왜 그런지 난 이사 가는 게 싫어졌다. 어른들이 하는 일이니 어쩔 수 없지만……."

전에 없이 소녀의 까만 눈에 쓸쓸한 빛이 떠돌았.

소녀와 헤어져 돌아오는 길에, 소년은 혼잣속으로 소녀가 이사를 간다는 말을 수없이 되뇌어 보았다. 무어 그리 안타까울 것도 서러울 것도 없었다. 그렇건만 소년은 지금 자기가 씹고 있는 대추알의 단맛을 모르고 있었다.

이날 밤, 소년은 몰래 덕쇠 할아버지네 호두밭으로 갔다.

낮에 봐 두었던 나무로 올라갔다. 그리고 봐 두었던 가지를 향해 작대기를 내리쳤다. 호두 송이 떨어지는 소리가 별나게 크게 들렸다. 가슴이 선뜩했다. 그러나 다음 순간, 굵은 호두야 많이 떨어져라, 많이 떨어져라, 저도 모를 힘에 이끌려 마구 작대기를 내리치는 것이었다.

돌아오는 길에는 열이틀 달이 지우는 그늘만 골라 디뎠다. 그늘의 고마움을 처음 느꼈다.

불룩한 주머니를 어루만졌다. 호두 송이를 맨손으로 깠다가는 옴이 오르기 쉽다는 말 같은 건 아무렇지도 않았다. 그저 근동에서 제일가는 이 덕쇠 할아버지네 호두를 어서 소녀에게 맛보여야 한다는 생각만이 앞섰다.

그러다, 아차 하는 생각이 들었다. 소녀더러 병이 좀 낫거들랑 이사 가기 전에 한번 개울가로 나와 달라는 말을 못 해 둔 것이었다. 바보 같은 것, 바보 같은 것.

이튿날, 소년이 학교에서 돌아오니 아버지가 나들이옷으로 갈아입고 닭 한 마리를 안고 있었다.

어디 가시느냐고 물었다.

| 떠돌다
| 혼잣속
| 되뇌다

| 작대기

| 디디다
| 불룩하다
| 어루만지다
| 맨손
| 까다

| 아차

| 나들이옷

그 말에는 대꾸도 없이, 아버지는 안고 있는 닭의 무게를 겨냥해 보면서,

　"이만하면 될까?"

　어머니가 망태기를 내주며,

　"벌써 며칠째 '꽐꽐' 하고 알 낳을 자리를 보던데요. 크진 않아도 살은 쪘을 거예요."

　소년이 이번에는 어머니한테, 아버지가 어디 가시느냐고 물어보았다.

　"저, 서당골 윤 초시 댁에 가신다. 제사상에라도 놓으시라고……."

　"그럼 큰 놈으로 하나 가져가지. 저 얼룩 수탉으로……."

　이 말에 아버지는 허허 웃고 나서,

　"인마, 그래도 이게 실속이 있다."

　소년은 공연히 열적어, 책보를 집어 던지고는 외양간으로 가, 쇠잔등을 한 번 철썩 갈겼다. 쇠파리라도 잡는 척.

　개울물은 날로 여물어 갔다.

　소년은 갈림길에서 아래쪽으로 가 보았다. 갈밭머리에서 바라보는 서당골 마을은 쪽빛 하늘 아래 한결 가까워 보였다.

　어른들의 말이, 내일 소녀네가 양평읍으로 이사 간다는 것이었다. 거기 가서는 조그마한 가겟방을 보게 되리라는 것이었다.

　소년은 저도 모르게 주머니 속 호두알을 만지작거리며, 한 손으로는 수없이 갈꽃을 휘어 꺾고 있었다.

　그날 밤, 소년은 자리에 누워서도 같은 생각뿐이었다. 내일 소녀네가 이사하는 걸 가 보나 어쩌나. 가면 소녀를 보게 될까 어떨까.

　그러다가 까무룩 잠이 들었는가 하는데,

　"허, 참, 세상일도……."

　마을 갔던 아버지가 언제 돌아왔는지,

겨냥하다	
망태기	
실속	
공연히	
외양간	
까무룩	

"윤 초시 댁도 말이 아니야. 그 많던 전답을 다 팔아 버리고, 대대로 살아 오던 집마저 남의 손에 넘기더니, 또 악상까지 당하는 걸 보면……."

남폿불 밑에서 바느질감을 안고 있던 어머니가,
"증손(曾孫)이라곤 계집애 그 애 하나뿐이었지요?"
"그렇지. 사내애 둘 있던 건 어려서 잃어버리고……."
"어쩌면 그렇게 자식 복이 없을까."
"글쎄 말이지. 이번 앤 꽤 여러 날 앓는 걸 약도 변변히 못 써 봤다더군. 지금 같아서는 윤 초시네도 대가 끊긴 셈이지……. 그런데 참 이번 계집애는 어린 것이 여간 잔망스럽지가 않어. 글쎄 죽기 전에 이런 말을 했다지 않아? 자기가 죽거든 자기 입던 옷을 꼭 그대로 입혀서 묻어 달라고……."

황순원(1915~2000)

전답	
대대로	
악상	
남폿불	
바느질감	
변변히	
대가 끊기다	
잔망스럽다	

STEP 2　내용 확인하기

1. 줄거리를 요약해 보십시오.

2. 다음 소재가 상징하는 의미는 무엇일지 생각해 보십시오.

조약돌	
대추	
호두	
분홍 스웨터의 진흙물	

3. 우리 모둠만의 소나기를 만들어 보십시오.

　1) 소나기에서 가장 기억에 남는 부분을 친구들과 이야기해 보십시오.

　2) 이야기한 내용을 중심으로 모둠만의 UCC를 만들어 보십시오.

모범 답안

1. 수강 신청

⟨어휘⟩
대면식 / 수강 신청 / 장학금 / 개강 모임 / 동아리

⟨내용 확인하기⟩
1. ③
2. ①
3. ①
4. ④

2. 오리엔테이션

⟨어휘⟩
환영합니다 / 적응하였다 / 진행하는 / 개최하고 / 제공하는

⟨내용 확인하기⟩
1. ③
2. ①
3. ④
4. ②

3. 동아리

⟨어휘⟩
접수 / 작성해야 / 회비 / 부원 / 모집하고

⟨내용 확인하기⟩
1. ①
2. ③
3. ③

⟨내용 확장하기⟩
1. ㉠ – 누구나 신청할 수 있습니다 / 누구나 신청 가능합니다
   ㉡ – 테니스를 칠 줄 모르십니까 / 테니스를 배운 적이 없으십니까
2. ㉠ – 테니스 채를 주문했습니다(샀습니다)
   ㉡ – 택배를 받아주실 수 있습니까

4. 전공

⟨어휘⟩
교사 / 동물사육사 / 조향사 / 기상캐스터 / 학예사

⟨내용 확인하기⟩
1. ②
2. ④
3. ③
4. ④

5. 새로운 직업

⟨어휘⟩
전공 / 전망 / 분야 / 전과 / 경쟁력

⟨내용 확인하기⟩
1. ④
2. ①
3. ④
4. ③

6. 백제의 역사

〈어휘〉
도입하여 / 빼앗겼다 / 멸망할 / 강화되었다 / 쇠퇴하고, 성장하고

〈내용 확인하기〉
1. ③
2. ④
3. ②
4. ①

〈내용 확장하기〉
1. ㉠ – 역사가 되는 것은 아니다
   ㉡ – 역사를 기록해야 한다
2. ㉠ – 독특한 문화가 생기기 때문이다
   ㉡ – 다른 문화를 무시하는 사람들이 있다

7. 무령왕릉과 백제금동대향로

〈어휘〉
축제 / 즐길 / 개막식 / 체험 / 관람할

〈내용 확인하기〉
1. ②
2. ①
3. ④
4. 무령왕릉과 백제금동대향로에 대해서 알려 주려고

8. 한류

〈어휘〉
수출한다 / 인기를 끌고 / 소비하는 / 교류 / 대중문화.

〈내용 확인하기〉
1. ④
2. ①
3. ④
4. 다른 나라의 문화를 존중하면서도 한국 고유의 문화적 특징을 드러내는 콘텐츠를 개발해야 한다

9. 수업 방식의 변화

〈어휘〉
온라인 / 대면 / 집중하지 / 수업 방식 / 출처

〈내용 확인하기〉
1. ②
2. ④
3. ④
4. ④

10. 1인 미디어

〈어휘〉

1인 미디어(방송)	개인이 인터넷 방송을 통해 직접 시청자들과 교류하면서 방송하는 시스템
매체	어떤 사실을 널리 전달하는 물체나 수단
저작권	창작물에 대해 저작자가 가지는 권리
공유	두 사람 이상이 어떤 것을 함께 가지고 있음
가짜 뉴스	마치 사실인 것처럼 유포되는 거짓 뉴스

〈내용 확인하기〉
1. ①
2. ④
3. ①
4. ②

11. 외국인 건강보험

⟨어휘⟩
시행되었다 / 체납 / 복지제도 / 납부하지 / 체류하고

⟨내용 확인하기⟩
1. ①
2. 납부하는
3. ④
4. ①
5. X / X / O / X / O

12. 학생 복지

⟨어휘⟩
운행하지 / 해당한다 / 지급한다 / 취득하면 / 순환하는

⟨내용 확인하기⟩
1. ①
2. ④
3. ②
4. ②

유학생을 위한 읽기와 쓰기

1판 1쇄 발행   2021년 9월 10일

지 은 이 | 공주대학교 교양학부(유리 · 차순정 · 김록희 · 이혜지)
펴 낸 이 | 김진수
펴 낸 곳 | 한국문화사
등   록 | 제1994-9호
주   소 | 서울시 성동구 아차산로49, 404호(성수동1가, 서울숲코오롱디지털타워3차)
전   화 | 02-464-7708
팩   스 | 02-499-0846
이 메 일 | hkm7708@hanmail.net
홈페이지 | http://hph.co.kr

ISBN 979-11-6685-011-0 93700

• 이 책의 내용은 저작권법에 따라 보호받고 있습니다.
• 잘못된 책은 구매처에서 바꾸어 드립니다.
• 책값은 뒤표지에 있습니다.